国家新型智慧城市
评价指标和标准体系应用指南

国家智慧城市标准化总体组

吕卫锋　主　编

Publishing House of Electronics Industry

北京・BEIJING

内 容 简 介

本书是《新型智慧城市评价指标（2016 版）》（以下简称“评价指标”）的官方解读材料，基于国家智慧城市标准化总体组及智慧城市国际标准化组织的相关工作，介绍“评价指标”的释义和国家智慧城市标准体系应用指南等内容，全面深入地解读了评价指标，是一本智慧城市指南类典籍。

本书适合地方城市领导、智慧城市建设者、智慧城市相关专家学者及相关人员阅读。

图书在版编目（CIP）数据

国家新型智慧城市评价指标和标准体系应用指南：2017 / 吕卫锋主编. —北京：电子工业出版社，2017.7

ISBN 978-7-121-30708-9

Ⅰ. ①国⋯ Ⅱ. ①吕⋯ Ⅲ. ①现代化城市—城市建设—评价指标—中国—指南 ②现代化城市—城市建设—标准体系—中国—指南 Ⅳ. ①F299.2-62

中国版本图书馆CIP数据核字（2016）第314591号

责任编辑：许存权
印　　刷：北京虎彩文化传播有限公司
装　　订：北京虎彩文化传播有限公司
出版发行：电子工业出版社
　　　　　北京市海淀区万寿路173信箱　邮编 100036
开　　本：720×1 000　1/16　印张：13　字数：230千字
版　　次：2017 年7月第 1 版
印　　次：2023 年9月第 2 次印刷
定　　价：79.00 元

凡所购买电子工业出版社图书有缺损问题，请向购买书店调换。若书店售缺，请与本社发行部联系，联系及邮购电话：（010）88254888，88258888。

质量投诉请发邮件至 zlts@phei.com.cn，盗版侵权举报请发邮件至 dbqq@phei.com.cn。

本书咨询联系方式：（010）88254484，xucq@phei.com.cn。

指导委员会

编　写　组

特别感谢

特别感谢新型智慧城市建设部际协调工作组的各领导成员，包括民政部基层政权和社区建设司，工业和信息化部信息化和软件服务业司，国土资源部规划司，水利部水利信息中心，农业部市场与经济信息司，国家卫生计生委规划司，国家质检总局科技司，国家食品药品监督管理总局科技和标准司，国家旅游局规划财务司，中国科学院科技促进发展局，中国证监会发行部，国家能源局发展规划司，国家测绘地理信息局国土测绘司，中国测绘科学研究院 GIS 所，国家信息中心，国家新型智慧城市建设部际协调工作组秘书处等部门对本书编写工作的指导与支持！

同时，也向田芳、张冠男、薛萍、祝明、邓飞、沈立宏、周恭伟、吴倩、崔野宋、李京、秦承虎、于文涛、刘翔宇、胡晓明、马志勇、刘晓丽等专家对本书编写所给予的指导和帮助表示感谢!

目　　录

第一部分　评价指标释义

第二部分　智慧城市标准体系应用指南

第一部分

评价指标释义

第1章　评价指标的总体解读

新型智慧城市强调以人为本，注重市民体验和服务成效，是以创新引领城市发展转型，全面推进新一代信息通信技术与新型城镇化发展战略深度融合，提高城市治理能力现代化水平，实现城市可持续发展的新路径、新模式、新形态，也是落实国家新型城镇化发展战略，提升人民群众幸福感和满意度，促进城市发展方式转型升级的系统工程。对此，党中央、国务院高度重视，习近平总书记、李克强总理多次作出重要批示指示。《“十三五”国家信息化规划》中明确提出，到2018年，分级分类建设100个新型示范性智慧城市；到2020年，新型智慧城市建设取得显著成效，形成无处不在的惠民服务、透明高效的在线政府、融合创新的信息经济、精准精细的城市治理、安全可靠的运行体系。习近平主席在2017年5月14日开幕的“一带一路”国际合作高峰论坛上也强调，“要推动大数据、云计算、智慧城市建设，连接成21世纪的数字丝绸之路”。

按照国务院部署，国家发展改革委、中央网信办牵头，会同国家标准委、教育部、科技部、工业和信息化部、公安部、民政部、人力资源社会保障部、国土资源部、环境保护部、住房城乡建设部、交通运输部、水利部、农业部、商务部、卫生计生委、质检总局、食品药品监管总局、旅游局、中国科学院、中国工程院、证监会、能源局、测绘地理信息局等25个相关部门成立了新型智慧城市建设部际协调工作组。

在新型智慧城市建设部际协调工作组的指导下，为进一步总结经验，贯彻落实好《“十三五”规划纲要》提出的建设一批新型示范性智慧城市的任务，国家智慧城市标准化总体组以标准为基石，面向城市需求、国家战略和企业创新，从营造环境、塑造规则出发，以优化新型智慧城市的创新发展环境、明确新型智慧城市的发展目标和提供公平的市场环境为目的，提出了清晰、规范、可考核的评价指标，使之能够支持和促进智慧城市的健康有序发展，避免硬性规定对智慧城市建设的限制。

2016年11月22日，国家发改委、中央网信办和国家标准委联合发布了《关于组织开展新型智慧城市评价工作务实推动新型智慧城市健康快速发展的通知》（发改办高技[2016]2476号），要求开展2016年新型智慧城市评价工作。同时，国家标准《新型智慧城市评价指标》也已发布。此外，智慧城市的建设需要定义发展阶段和成熟度模型。评价指标体系将不断发展和成熟，本次提出的评价指标体系适用于 2016 年，未来将根据新型智慧城市的实践和发展以及需求，稳步提出适用于不同发展时期的评价指标。

推动新型智慧城市建设和评价，其目的在于以下几点：

①以评价工作为指引，明确新型智慧城市工作方向，各地在围绕评价指标体系制定的工作方案中提出新型智慧城市的发展方向和建设重点，可切实提升智慧城市建设的实效和水平；

②以评价工作为手段，提升城市便民惠民水平，让全社会的公众、企业以及地方政府均能参与到智慧城市建设中，让社会公众和企业能够切实感受到智慧城市建设带来的益处和幸福感受；

③以评价工作为抓手，促进新型智慧城市经验共享和推广，及时发现不同地区、不同层级、不同规模城市推动智慧城市建设的优秀案例、实践经验和共性问题，总结提炼一批可复制、可推广的最佳实践，使智慧城市的最佳实践得以固化，能够引导和帮助其他城市的智慧城市建设。

第2章　评价指标的设计原则

在综合评价中，评价指标的选取是否合适，直接影响到综合评价的结果。该套评价指标的选取突出了注重成效、覆盖全面、科学分配权重和客观可量化的思路，同时也借鉴国际经验，希望制定出一套可以不断完善发展的评价指标体系。

1. 指标的数量

新型智慧城市评价指标的数量遵循覆盖全面和数量适度原则：既保证覆盖涉及新型智慧城市为民服务成效的各主要方面，又避免指标繁杂冗余、难以控制评价工作的规模。现阶段，一级指标8个，二级指标21个，每个二级指标下设不多于3个二级指标分项，整体上有54个二级指标分项。

2. 指标的评分点

新型智慧城市评价指标的评分点（即二级指标分项）遵循导向性和可操作性原则：体现城市服务的成效能力，从政府服务效能、公共服务便捷度、市民体验等方面综合评价，突出民众的现实获得感和满意度。不唯“技术先进、投资规模、工程建设”论绩效，注重对新型智慧城市建设实际效果的评价。同时，以可操作性为标准，分阶段逐步选择评分点，每个阶段均按照实际发展水平选择可评可测的评分点。

3．指标的权重分配

新型智慧城市评价指标的权重分配遵循科学合理原则：满足指标的重要程度和权重分配有相应的匹配。指标的设计突出“以人为本、惠民便民”和绩效导向，因此加强了惠民服务等成效类指标和市民体验的权重。各级指标设置相应的权重。一级指标权重为其各二级指标权重之和，二级指标下的各分项权重之和为 100%。

4．指标的客观可量化

新型智慧城市评价指标遵循客观可量化原则：采用客观数据采集、市民满意度调查等方式进行评价，不采用专家打分方式。评价采取百分制，总得分满分为 100 分。总得分为各一级指标得分之和。各级指标得分为其下层指标得分之和。计算时各分值保留 2 位小数。

5. 国际标准参考借鉴

具有广泛影响力的国际组织对相关领域的标准也有界定，为了与国际标准的先进性保持一致，本套标准在制定过程中根据中国城市发展实际，重点参考借鉴了两个主要的国际标准，国际电信联盟（ITU）的 KPIs 指数和国际标准化组织（ISO）的 ISO 37120:2014。

国际电信联盟（ITU）在 2015 年提出了可持续发展的智慧城市 KPIs 指数，侧重于围绕 ICT 领域的关键指标对智慧城市进行评价，主要包括信息和通信的基础设施、网络安全、教育、创新机制等方面的指标，值得借鉴，但其指标数量和范围均小于 ISO 37120:2014。

国际标准化组织（ISO）于 2014 年发布了 ISO 37120:2014，从城市服务和生活品质两个方面出发，从经济、教育、能源、环境、财政、火灾与应急响应、治理、健康、休闲、安全、庇护所、固体垃圾、通讯与创新、交通、城市规划、废水、水与卫生等 17 个方面，提出了 100 项指标（其中包括 46 项核心指标和 54 项辅助指标）衡量城市可持续发展状态。其中，关于城市的网络入户及覆盖率、城市管理、能源消耗、公共安全等指标对现阶段评价指标选取有借鉴和参考价值。

第3章　评价指标的应用导向

新型智慧城市评价指标的研究制定以应用实践为目的，通过在 2016 年首次开展的新型智慧城市评价工作中使用评价指标，发挥以下应用导向作用。

1. 以人为本

注重民众体验，强调从政府服务效能、公共服务便捷度、市民体验等方面综合评价，突出民众的现实获得感和满意度。

2. 惠民便民

评价指标将城市居民感受、提高居民幸福感和获得感作为重要评价内容。让社会公众和企业能够切实感受到智慧城市建设带来的便利。通过在评价工作中应用评价指标，以评价工作为手段，提升城市便民惠民水平。

3. 绩效导向

强化成效引导，不唯“技术先进、投资规模、工程建设”

论绩效，注重对新型智慧城市建设实际效果的评价。通过在评价工作中应用评价指标，以评价工作为指引，明确新型智慧城市工作方向。评价指标提出了新型智慧城市的发展方向和建设重点。

4．客观量化

加强客观可量化，尽量采用客观数据采集、市民满意度调查等方式进行评价，减少主观打分环节。

5．成熟可测

评价指标应具有较强的可测性。研究尚不成熟的领域暂不考虑评价指标，待研究成熟后逐步纳入。

第4章　指标构成

4.1　一级评价指标总体说明

新型智慧城市评价指标体系强调以人为本，注重市民体验，改变以往技术导向、项目驱动的信息化建设模式，强化多部门联合监管和协同服务，鼓励市场参与，创新服务模式，拓宽服务渠道，构建民生服务便捷化、公共治理精准化、生活环境宜居化和基础设施智能化的新型智慧城市评价指标体系框架，包括客观指标、主观指标、自选指标三部分，如图 4-1 所示。

（1）客观指标重点对城市发展现状、发展空间、发展特色进行评价，包括 7 个一级指标。其中，惠民服务、精准治理、生态宜居 3 个成效类一级指标，旨在客观反映智慧城市建设实效；智能设施、信息资源、网络安全、改革创新 4 个引导性一级指标，旨在发现极具发展潜力的城市。本次所有的客观指标均来源于中央部门推荐的指标，指标制定工作也和城市进行了紧密结合，并进行了初步验证。

（2）主观指标指“市民体验”，旨在引导评价工作注重公众满意度和社会参与。

（3）自选指标指参与2016年新型智慧城市评价工作的各城市参照客观指标自行制定的指标，旨在反映本地特色。

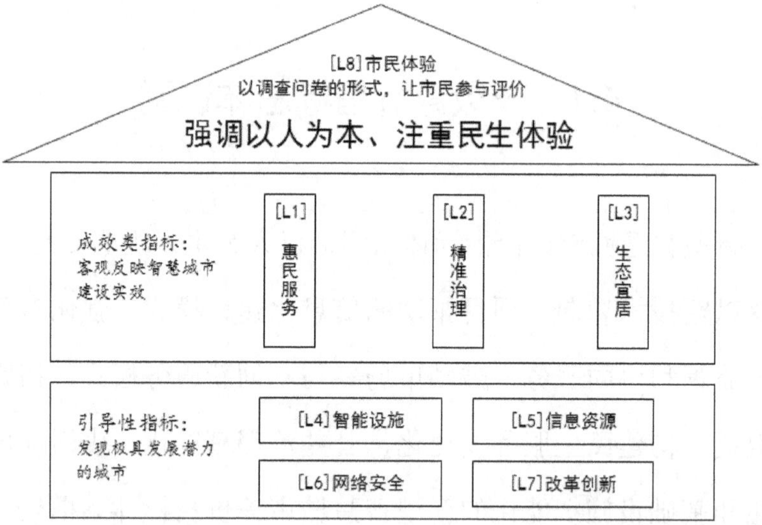

图4-1 新型智慧城市评价指标体系总体框架（一级指标）

4.2 二级指标说明

一级指标及权重、二级指标及权重和二级指标说明如表4-1所示。

表 4-1　新型智慧城市评价指标体系总体框架及二级指标说明

一级指标及权重	二级指标及权重	二级指标说明
惠民服务（37%）	政务服务（8%）	获取城市政务服务的方便、快捷、及时、高效的程度。
	交通服务（3%）	城市为交通参与者提供诱导、快捷支付、辅助决策等服务，实现交通顺畅、便捷的程度。
	社保服务（3%）	城市在社保领域为民众提供服务的能力与成效。
	医疗服务（3%）	城市在医疗领域为民众提供服务的能力与水平。
	教育服务（3%）	教育领域服务便捷化、普惠化能力。
	就业服务（3%）	城市在就业领域为民众提供服务的能力与水平。
	城市服务（7%）	城市向公众提供“互联网+”城市公共服务的普及性和能力。
	帮扶服务（5%）	城市利用信息化手段对贫困人群、残疾人群等困难群体的帮扶情况。
	电商服务（2%）	电子商务中网络消费、跨境贸易等发展情况。现阶段选取网上商品零售占比、跨境电商交易占比等两个分项。
精准治理（9%）	城市管理（4%）	运用数字化、信息化手段对城市、市政公用设施、园林绿化、风景名胜区、市容环境与环境秩序的智慧化监管的能力。
	公共安全（5%）	在社会治理精细化方面，公共安全领域深入应用信息化的能力。
生态宜居（8%）	智慧环保（4%）	对城市环境指标数据的监测、发布和处置能力。
	绿色节能（4%）	推进节能城市建设，推广建筑节能技术，提高建筑节能标准，实施城市节能功能方面的能力。

续表

一级指标及权重	二级指标及权重	二级指标说明
智能设施（7%）	宽带网络设施（4%）	宽带网络发展水平和成效。
	时空信息平台（3%）	城市时空信息服务体系建设情况，重点考察城市时空信息服务平台资源及服务的相关情况。
信息资源（7%）	开放共享（4%）	评价城市政府部门数据共享和公共信息资源向社会开放的情况。现阶段选取公共信息资源社会开放率和信息资源部门间共享率两个分项。
	开发利用（3%）	政府、企业和公众等，对于城市资源获取和开发利用情况。
网络安全（8%）	网络安全管理（4%）	智慧城市的总体网络安全能力，包括安全责任制、统筹协调和顶层设计以及网络安全的风险抵御和应急等能力。
	系统与数据安全（4%）	智慧城市中关键信息基础设施的安全保障情况，包括关键信息基础设施的信息系统以及系统上所运行的数据的安全保障情况。
改革创新（4%）	体制机制（4%）	智慧城市的领导体制和管理机制要求及成效。
市民体验（20%）	市民满意度调查	应强调以人为本，从城市主体-人的需求和感受出发，评价民生服务的便捷化，从功能性、经济性、安全性、服务时间性以及舒适性几个角度进行评价。

第5章　指标释义

5.1　惠民服务 L1

5.1.1　政务服务 L1P1

本指标用于评价城市政府创新服务模式，推进政务服务事项“一号申请、一窗受理、一网通办”的情况。现阶段选取以公民身份号码或法人和其他组织统一社会信用代码为唯一标识的电子证照使用率、一站式办理率、网上统一入口率等三个分项进行评价。

1. 指标意义及作用

政务服务是政府的主要职能之一，与企业经营和居民生活息息相关。“互联网+”政务服务的开展，促进了互联网思维在政府管理中的应用，有助于政府创新管理、提高治理水平，为居民或企业提供便捷的服务，提升满意度。

本指标体现了推行“互联网+”政务服务让居民或企业少跑腿、好办事、不添堵的智慧城市建设成效的要求。通过对城市的政务服务水平进行评价，可以有效促进城市推进“互联网+”政务服务，最终有效解决居民或企业“办证多，办事难”、政府部门“信息不共享、信息难共享”的问题。

2．政策基础

《国务院办公厅关于转发国家发展改革委等部门推进“互联网+政务服务”开展信息惠民试点实施方案的通知》（国办发〔2016〕23号）明确提出了推进“互联网+政务服务”，在试点地区实现“一号一窗一网”目标，使服务流程显著优化，服务模式更加多元，服务渠道更为畅通，居民办事满意度显著提升。主要任务包括：“一号申请”，构建电子证照库；“一窗受理”，突出一站式服务；“一网通办”，实现政务便捷办理。《国务院关于加快推进“互联网+政务服务”工作的指导意见》（国发〔2016〕55号）对加快推进“互联网+政务服务”工作，切实提高政务服务质量与实效，进行了整体部署。明确提出到2020年底前，实现互联网与政务服务深度融合，建成覆盖全国的整体联动、部门协同、省级统筹、一网办理的“互联网+政务服务”体系，大幅提升政务服务智慧化水平，让政府服务更聪明，让企业和群众办事更方便、更快捷、更有效率。

3．评价方法

政务服务指标（L1P1）由以公民身份号码或法人和其他组织统一社会信用代码为唯一标识的电子证照使用率（L1P1-A1）、一站式办理率（L1P1-A2）、网上统一入口率（L1P1-A3）等三个分项进行评价。政务服务指标（L1P1）的得分=8%×三个分项分数之和。8%为政务服务指标（L1P1）的二级指标权重。

（1）以公民身份号码或法人和其他组织统一社会信用代码为唯一标识的电子证照使用率（L1P1-A1）

指已实现使用以公民身份号码或法人和其他组织统一社会信用代码为唯一标识的电子证照办理的政务服务事项数量与政务服务事项总数的比率。体现“一号申请”在政务服务中的应用情况以及电子证照的普及程度。

计算方法：L1P1-A1 分项分数= 30%×（已实现使用以公民身份号码或法人和其他组织统一社会信用代码为唯一标识的电子证照办理的政务服务事项数量/政务服务事项总数）×100。

数据要求：政务服务事项包括面向公民、法人和其他组织的政务服务事项，本分项中的政务服务事项总数由各省市根据相关法律法规和实际情况确定。已实现使用以公民身份号码或法人和其他组织统一社会信用代码为唯一标识的电子证照办理的政务服务事项，是指公民个人政务服务事项以公民身份号码为标识，法人和其他组织政务服务事项以统一社会信用代码为标识，并在办理过程中使用了电子证照的政务服务事项。数据取某一时间点的统计数据，如评价开始前的月末数据。

数据来源：地方政府政务办或相关部门。

（2）一站式办理率（L1P1-A2）

指实现线下一站式办理的政务服务事项数量与政务服务事项总数的比率。体现政务服务事项“一站办理”的实现情况。

计算方法：L1P1-A2 分项分数= 30%×（实现线下一站式办理的政务服务事项数量/政务服务事项总数）×100。

数据要求：本分项中的政务服务事项总数与分项 L1P1-A1 要求相同。实现线下一站式办理的政务服务事项，是指可以在同一地点或同一窗口即可办结的政务服务事项。数据取某一时间点的统计数据，如评价开始前的月末数据。

数据来源：地方政府政务办或相关部门。

（3）网上统一入口率（L1P1-A3）

指支持统一身份认证的网上政务服务事项数量与政务服务事项总数的比率。体现政务服务事项“一网通办”的应用情况。

计算方法：L1P1-A3 分项分数= 40%×（支持统一身份认证的网上政务服务事项数量/政务服务事项总数）×100。

数据要求：本分项中的政务服务事项总数与分项 L1P1-A1 要求相同。支持统一身份认证的网上政务服务事项，是指在网上办理政务服务事项时，能够以公民身份号码或法人和其他组织统一社会信用代码为标识，实现“一次认证、多点互联”，无需在不同平台间进行多次认证。数据取某一时间点的统计数据，如评价开始前的月末数据。

数据来源：地方政府政务办或相关部门。

5.1.2 交通服务 L1P2

本指标用于评价城市发展“互联网+”便捷交通，提供交通出行信息服务的情况。现阶段选取城市交通运行指数发布情况、公共汽电车来车信息实时预报率、公共交通乘车电子支付使用率等三个分项进行评价。

1. 指标意义及作用

交通服务是衡量城市服务百姓出行便捷度和政府交通治理能力的重要指标，本指标体现了推进交通与信息技术更加广泛、更深层次的融合，加快交通信息化、智能化进程的要求。

2. 政策基础

以信息化、智能化为牵引，推动现代信息技术与交通运输管理和服务全面融合，让人民群众切实感受到以便民、利民、惠民为根本出发点的交通运输服务，在《推进“互联网+”便捷交通促进智能交通发展的实施方案》（发改基础〔2016〕1681 号）、

《促进大数据发展行动纲要》（国发〔2015〕50 号）、《交通运输信息化“十三五”发展规划》（交规划发〔2016〕74 号）等文件中，对城市交通服务建设均提出了明确要求。城市交通服务要能够利用交通大数据开展出行信息服务、交通诱导等增值服务；推进覆盖城乡的出行引导综合信息服务示范，通过手机 APP、互联网站、电视、可变情报板以及交通服务热线（“四屏一热线”）提供基于位置的全程、实时交通出行信息，为社会公众提供实时交通运行状态查询、出行路线规划、智能停车等服务；全面支撑故障预警、运行维护以及智能化调度。增强交通运输科学治理能力，为交通运输管理决策提供支撑；推进电子支付、网上购票在交通领域的集成应用。

3. 评价方法

交通服务指标（L1P2）由城市交通运行指数发布情况（L1P2-A1）、公共汽电车来车信息实时预报率（L1P2-A2）、公共交通乘车电子支付使用率（L1P2-A3）等三个分项进行评价。交通服务指标（L1P2）的得分=3%×三个分项分数之和。3%为交通服务指标（L1P2）的二级指标权重。

（1）城市交通运行指数发布情况（L1P2-A1）

指城市交通运行情况的获取、分析和发布能力。

计算方法： L1P2-A1 分项分数= 40%×（b1+b2+b3）

b1：城市交通公共管理部门具有城市交通运行指数计算和分析能力，能够实时识别洞悉城市道路交通运行状况。如满足得 60 分；不满足则 b1+b2+b3 得 0 分，即本项整体不得分。

b2：具有公共发布能力（通过可变情报板、电视、广播、手机 APP 等公共媒介的至少一种发布）。如满足得 20 分，不满足得 0 分。

b3：城市交通运行指数分析达到次干路及以上（城市道路网包括快速路、主干路、次干路、支路）。如满足得 20 分，不满足得 0 分。

数据要求：数据取某一时间点的统计数据，如评价开始前的月末数据。

数据来源：城市交通运输主管部门。

（2）公共汽电车来车信息实时预报率（L1P2-A2）

指可提供来车信息实时预报服务的公共汽电车线路数与公共汽电车线路总数的比率。体现公共汽电车来车信息实时预报的应用情况。

计算方法：L1P2-A2 分项分数= 45%×（可提供来车信息实时预报服务的公共汽电车线路数/公共汽电车线路总数）×100

数据要求：提供来车信息实时预报服务的方式包括通过网络、手机、电子站牌等方式提供公共汽电车实时行驶或到站信息服务。数据取某一时间点的统计数据，如评价开始前的月末数据。

数据来源：城市交通运输主管部门。

（3）公共交通乘车电子支付使用率（L1P2-A3）

指使用电子支付的人次与公共交通出行总人次的比率。体现在公共交通收费中采用一卡通、移动支付、近场通信（NFC）支付等电子支付手段的情况。

计算方法：L1P2-A3 分项分数= 15%×（使用电子支付的人次/公共交通出行总人次）×100。

数据要求：电子支付包括一卡通、移动支付、近场通信（NFC）支付等方式。公共交通出行包括城市轨道交通、公共汽电车等出行方式。数据取某一时间段内的统计数据，如年度数据。

数据来源：城市交通运输主管部门。

5.1.3 社保服务 L1P3

本指标用于评价城市社会保障领域拓展线上线下服务渠道，推动跨地区、跨层级业务协同联动的情况。现阶段选取社保服务在线办理情况、社保自助服务开通率、社保异地业务联网办理情况等三个分项进行评价。

1．指标意义及作用

本指标体现了社会保障服务便捷化、普惠化的能力，以及社保业务办理智慧化水平。对促进提升社会保障综合服务能力，改善社保经办等服务条件起到重要推动作用。

2．政策基础

《关于促进智慧城市健康发展的指导意见》（发改高技〔2014〕1770）在公共服务便捷化中提出社会保障等公共服务领域的要求："基本建成覆盖城乡居民、农民工及其随迁家属的信息服务体系，公众获取基本公共服务更加方便、及时、高效。"

《人力资源和社会保障事业发展"十三五"规划纲要》中对基于互联网的社保服务明确给出了具体要求和建议。开展"'互联网+人社'行动"，促进劳动就业、社会保障、人才服务等工作与互联网深度融合。此外，对社保公共服务的能力建设提出了明确要求，逐步实现线上线下服务渠道的有机衔接，提升跨领域、跨部门、跨层级的联动服务能力。

3．评价方法

社保服务指标（L1P3）由社保服务在线办理情况（L1P3-A1）、街道（乡镇）社区（行政村）社保自助服务开通率（L1P3-A2）、社保异地业务联网办理情况（L1P3-A3）等三个分项进行评价。社保服务指标（L1P3）的得分=3%×三个分项分数之和。3%为社保服务指标（L1P3）的二级指标权重。

（1）社保服务在线办理情况（L1P3-A1）

指城市所提供的社保服务具备多元化、多渠道的能力。现阶段较为普及的创新服务模式包括通过网站实现业务经办、自助服务一体机、手机APP、12333电话及短信等模式，评分限定在上述4种模式中。

计算方法：L1P3-A1分项分数= 30%×b。

b：通过网站实现业务经办、自助服务一体机、手机APP、12333电话及短信等4种创新服务模式，每实现1种得25分，满分100分。

数据要求：数据取某一时间点的统计数据，如评价开始前的月末数据。

数据来源：城市人力资源社会保障部门。

（2）街道（乡镇）社区（行政村）社保自助服务开通率（L1P3-A2）

指开通社保自助服务的街道（乡镇）社区（行政村）数与街道（乡镇）社区（行政村）总数的比率。体现城市社保服务社区化的延伸能力。

计算方法：L1P3-A2分项分数= 30%×（开通社保自助服务的街道（乡镇）社区（行政村）数/街道（乡镇）社区（行政村）总数）×100。

数据要求：社保自助服务方式包括社会保险自助服务终端、社银服务自助终端等。暂不对开通的业务种类和设施数量进行要求。数据取某一时间点的统计数据，如评价开始前的月末数据。

数据来源：城市人力资源社会保障部门。

（3）社保异地业务联网办理情况（L1P3-A3）

指城市所提供的社保服务的异地联网办理能力。通过推进社保公共服务事项异地的数据开放、信息共享、校验核对，促进公共服务业务协同，从源头上避免各类“奇葩证明”“循环证明”等现象。提升社会保险关系转移接续、异地就医结算、异地领取待遇资格认证等异地业务的经办效率，方便参保人就近办事，避免“垫资”“跑腿”情况出现。现阶段异地联网的主要业务包括社保关系转移、异地居住人员领取社会保险待遇资格协助认证、国家异地就医结算、养老保险待遇状态比对查询等异地业务，通过与部、省级异地业务联通，评分限定在以上 4 种业务。

社保关系转移是指在对于参保人员跨省流动就业的，转移养老保险关系。

异地居住人员领取社会保险待遇资格协助认证是指领取养老保险待遇的企业离退休人员及遗属需进行的认证登记工作。

国家异地就医结算是指实现跨省异地安置退休人员住院医疗费用直接结算。

养老保险待遇状态比对查询，在当前养老保险制度覆盖人群大幅增长的形势下，全面实施各项基本养老保险制度，规范参保秩序的重要手段。基于全国养老保险联网监测数据，向各地提供基本养老保险待遇状态比对查询服务，在待遇核定前先行核对参保人员是否存在其他养老保险待遇，将有助于进一步解决重复领取待遇问题，特别在城乡居民养老保险经办工作中，积极利用比对查询核准参保人员待遇状态，确保享受待遇人员无重复享受待遇，无异地同时享受待遇，无享受多重待遇。实现精确管理，保障基金安全。

计算方法：L1P3-A3 分项分数= 40%×b。

b：通过与部、省级异地业务联通，实现社保关系转移、异地居住人员领取社会保险待遇资格协助认证、国家异地就医结算、养老保险待遇状态比对查询等 4 项异地业务的联网办理情况。实现 1 项异地业务办理得 25 分，满分 100 分。

数据要求：数据取某一时间点的统计数据，如评价开始前的月末数据。

数据来源：城市人力资源社会保障部门。

5.1.4 医疗服务 L1P4

本指标用于评价城市发展智慧健康医疗的便民、惠民服务，提升健康医疗服务效率和质量的情况。现阶段选取二级以上医疗机构的电子病历普及率、预约诊疗率和门诊健康档案调阅率等三个分项进行评价。

1. 指标意义及作用

医疗服务是与民生关系最密切、民众关注度最高的领域之一。智慧化的医疗健康服务，对于提升健康医疗服务效率和质量，不断满足人民群众多层次、多样化的健康需求具有重要意义。本指标体现了医疗领域服务便捷化、普惠化的能力。

2. 政策基础

《关于促进智慧城市健康发展的指导意见》（发改高技〔2014〕1770）中明确将医疗卫生作为构建普惠化公共服务体系中的重要部分，提出要推进智慧医院、远程医疗建设，普及应用电子病历和健康档案。《国务院办公厅关于促进和规范健康医疗大数据应用发展的指导意见》（国办发〔2016〕47 号）对发展智慧健康医疗便民惠民服务做出了具体部署，提出要大力推进网上预约分诊，加快建设和完善以居民电子健康档案、电子病历等为核心的基础数据库，激活居民电子健康档案应用，推动覆盖全生命周期的预防、治疗、康复和健康管理的一体化电子健康服务。

3. 评价方法

医疗服务指标（L1P4）由二级以上医疗机构电子病历普及率（L1P4-A1）、二级以上医疗机构预约诊疗率（L1P4-A2）、二级以上医疗机构门诊健康档案调阅率（L1P4-A3）等三项分个进行评价。医疗服务指标（L1P4）的得分=3%×三个分项分数之和。3%为医疗服务指标（L1P4）的二级指标权重。

（1）二级以上医疗机构电子病历普及率（L1P4-A1）

指已建立电子病历的二级以上医疗机构数与辖区二级以上医疗机构总数的比率。体现电子病例的使用和普及情况。

计算方法：L1P4-A1 分项分数= 40%×（已建立电子病历的二级以上医疗机构数/辖区二级以上医疗机构总数）×100。

数据要求：数据取某一时间点的统计数据，如评价开始前的月末数据。

数据来源：城市卫生计生主管部门。

（2）二级以上医疗机构预约诊疗率（L1P4-A2）

指年度二级以上医疗机构预约诊疗人次与年度二级以上医疗机构总诊疗人次的比率。体现网络预约挂号的普及情况。

计算方法：L1P4-A2 分项分数= 30%×（年度二级以上医疗机构预约诊疗人次/年度二级以上医疗机构总诊疗人次）×100。

数据要求：预约诊疗包括通过电话、网站、手机 APP 等进行预约的挂号，在医院现场挂号预约的不计算在内。数据取年度数据。

数据来源：城市卫生计生主管部门。

（3）二级以上医疗机构门诊健康档案调阅率（L1P4-A3）

指年度二级以上医疗机构门诊健康档案调阅次数与年度二级以上医疗机构门诊总数的比率。体现电子健康档案的应用情况。

计算方法：L1P4-A3 分项分数= 30%×（年度二级以上医疗机构门诊健康档案调阅次数/年度二级以上医疗机构门诊总数）×100。

数据要求：数据取年度数据。

数据来源：城市卫生计生主管部门。

5.1.5　教育服务 L1P5

本指标用于评价城市在教育领域为师生构建智慧学习环境，利用网络开展学习的情况。现阶段选取学校多媒体教室普及率、师生网络学习空间覆盖率和学校无线网络覆盖率等三个分项进行评价。

1．指标意义及作用

本指标体现了建设“人人皆学、处处能学、时时可学”的学习型社会的要求，对于全面提升教育质量、在更高层次上促进教育公平、加快推进教育现代化进程等任务具有重要意义。

2．政策基础

《关于促进智慧城市健康发展的指导意见》（发改高技〔2014〕1770）明确要求建设包括教育领域在内的普惠化公共服务，提出“促进教育公平，提高教育质量，满足终生学习需求”等重点工作方向，同时“利用信息化手段扩大教育资源覆盖面”。《教育信息化“十三五”规划》（教技〔2016〕2号）也指出要提升“教育信息化基础支撑能力”，提升“数字教育资源服务水平”。

3．评价方法

教育服务指标（L1P5）由学校多媒体教室普及率（L1P5-A1）、师生网络学习空间覆盖率（L1P5-A2）、学校无线网络覆盖率（L1P5-A3）等三个分项进行评价。教育服务指标（L1P5）的得分=3%×三个分项分数之和。3%为教育服务指标（L1P5）的二级指标权重。

（1）学校多媒体教室普及率（L1P5-A1）

指全部教室配备多媒体教学设备的学校数与学校总数的比率。体现学校多媒体教学能力的情况。

计算方法：L1P5-A1 分项分数= 30%×（全部教室配备多媒体教学设备的学校数/学校总数）×100。

数据要求：学校范围为中小学校。数据取某一时间点的统计数据，如评价开始前的月末数据。

数据来源：城市教育行政部门（全国教育信息化工作进展信息系统）。

（2）师生网络学习空间覆盖率（L1P5-A2）

指教师和学生开通网络学习空间数与教师学生总数的比率。体现网络学习空间的应用情况。

计算方法：L1P5-A2 分项分数= 40%×[（教师开通网络学习空间数+学生开通网络学习空间数）/（教师总数+学生总数）]×100。比率如超过 1 则按 1 取值。

数据要求：学校范围为中小学校、职业院校、高等学校。数据取某一时间点的统计数据，如评价开始前的月末数据。

数据来源：城市教育行政部门（全国教育信息化工作进展信息系统）。

（3）学校无线网络覆盖率（L1P5-A3）

计算方法：L1P5-A3 分项分数= 30%×（统一提供并覆盖主要教学区域的无线网络的学校数/学校总数）×100。

数据要求：学校范围为中小学校、职业院校、高等学校。数据取某一时间点的统计数据，如评价开始前的月末数据。

数据来源：城市教育行政部门（全国教育信息化工作进展信息系统）。

5.1.6　就业服务 L1P6

本指标用于评价城市推进多元化就业信息服务创新模式，以信息化提升就业服务水平的情况。现阶段选取就业信息服务覆盖人群情况和就业服务在线办理情况两个分项进行评价。

1．指标意义及作用

本指标用于评价城市在就业领域为民众提供服务的能力与水平。对大力推进街道（乡镇）服务站、行政村（社区）劳动就业服务窗口与其他公共服务设施共建共享，充分利用现有设施资源，依托云计算、大数据、移动应用等技术，发展网上服务起到重要作用。

2．政策基础

《关于促进智慧城市健康发展的指导意见》（发改高技〔2014〕1770）在公共服务便捷化中提出劳动就业等公共服务领域的要求，提出基本建成覆盖城乡居民、农民工及其随迁家属的信息服务体系，公众获取基本公共服务更加方便、及时、高效。

《人力资源和社会保障事业发展“十三五”规划纲要》中对公共就业创业服务体系建设明确给出了具体要求和建议，提出加强公共就业创业服务设施建设，支持设立返乡创业示范基地。加快实现公共就业服务与就业管理信息化。

3. 评价方法

就业服务指标（L1P6）由就业信息服务覆盖人群情况（L1P6-A1）和就业服务在线办理情况（L1P6-A2）两个分项进行评价。就业服务指标（L1P6）的得分=3%×两个分项分数之和。3%为就业服务指标（L1P6）的二级指标权重。

（1）就业信息服务覆盖人群情况（L1P6-A1）

指城镇登记失业人群、就业困难人群、享受失业保险待遇人群三类人群是否在系统可查、可服务的情况。

计算方法：L1P6-A1 分项分数= 50%×Σ（每类人群系统数据量/该类人群统计数据量）×100/3。若系统数据量超过统计数据量，即比率如超过 1，则按其倒数取值。

数据要求：人群类型分为城镇登记失业人口、就业困难人口、享受失业保险待遇人口等三类。按人群类型进行系统数据量与统计数据量的比对。数据取某一时间点的统计数据，如评价开始前的月末数据。

数据来源：城市人力资源社会保障部门。

（2）就业服务在线办理情况（L1P6-A2）

指基于互联网和信息通信技术的就业服务提供能力。

计算方法：L1P6-A2 分项分数= 50%×b。

b：通过网站实现业务经办、自助服务一体机、手机 APP、12333 电话及短信等 4 种创新服务模式，每实现 1 种得 25 分，满分 100 分。

数据要求：数据取某一时间点的统计数据，如评价开始前的月末数据。

数据来源：城市人力资源社会保障部门。

5.1.7 城市服务 L1P7

本指标用于评价城市推进“互联网+”城市服务，发展便民服务新业态，实现城市服务与信息通信技术深度融合的情况。现阶段选取移动互联网城市服务提供情况、移动互联网城市服务公众使用情况、一卡通应用情况等三个分项进行评价。

1. 指标意义及作用

基于互联网，特别是移动互联网开展的城市服务，以及一卡通在城市各领域的应用，为百姓生活提供了极大便利，体现了充分发挥互联网的高效便捷优势，提高资源利用效率，降低服务消费成本的“互联网+”城市服务的要求。

2. 政策基础

国务院发布的《关于积极推进“互联网+”行动的指导意见》（国发〔2015〕40 号）将“社会服务进一步便捷普惠”作为一项重要的发展目标，其核心内容是健康医疗、教育、交通等民生领域互联网应用更加丰富，公共服务更加多元，线上线下结合更加紧密。社会服务资源配置不断优化，公众享受到更加公平、高效、优质、便捷的服务。通过互联网可享受的公共服务及覆盖度反映了服务的普惠便捷程度。

国务院发布的《关于促进信息消费扩大内需的若干意见》（国发〔2013〕32 号）强调加快信息产业优化升级，大力丰富信息消费内容，明确提出提升民生领域信息服务水平的要求，其中要求大力推进集成电路卡（IC 卡）在公共服务领域的一卡多应用。

3. 评价方法

城市服务指标（L1P7）由移动互联网城市服务提供情况（L1P7-A1）、移动互联网城市服务公众使用情况（L1P7-A2）、一卡通应用情况（L1P7-A3）等三个分项进行评价。城市服务指标（L1P7）的得分=7%×三个分项分数之和。7%为城市服务指标（L1P7）的二级指标权重。

（1）移动互联网城市服务提供情况（L1P7-A1）

指与百姓生活密切相关的典型业务在移动互联网上的实现

和提供情况。体现城市公共服务在移动互联网集成应用程度。

计算方法：L1P7-A1 分项分数= 30%×b。

b：得分由基础部分和加分部分组成。基础部分：生活缴费（至少包含水、电、燃气缴费）、医院预约挂号（覆盖 90%二级及以上医院）、机动车违法查询、机动车罚款缴纳、客运交通购票、主要景区购票（覆盖 90%3A 级及以上景区）、旅游问题投诉等生活类服务，以及社保查询、公积金查询、税务服务、出入境业务、婚姻业务预约、生育证件业务、机动车及驾驶人证件业务、环保问题举报等政务类服务，以上 15 项业务通过移动互联网每开通 1 项得 2 分，满分为 30 分。加分部分：基础部分以外，通过移动互联网开通的其他城市服务每实现 1 项得 2 分，满分为 70 分，超出 35 项按满分 70 分记。

数据要求：移动互联网上开通的城市服务，是指通过各类移动智能终端 APP 可以使用的生活类和政务类服务。数据取某一时间点的统计数据，如评价开始前的月末数据。

数据来源：地方政府。

（2）移动互联网城市服务公众使用情况（L1P7-A2）

指基于移动互联网的城市服务的实际使用情况。

计算方法：L1P7-A2 分项分数= 40%×（通过移动互联网使用过城市服务的用户数量/城市常住人口数量）×100。

数据要求：通过移动互联网使用过城市服务的用户数量取当年内至少使用过 1 次移动互联网城市服务的用户。城市常住人口数取最近一次年度统计数据。

数据来源：通过移动互联网使用过城市服务的用户数量由相关业务平台提供。在 2016 年开展的评价工作中，该数据由腾讯公司微信平台和阿里巴巴支付宝平台提供，用户数量由两个平台统计出的用户数量（A 和 B）按比例取加权平均取值，即用户数量=[A×（A/（A+B））+B×（B/（A+B））]。

（3）一卡通应用情况（L1P7-A3）

计算方法：L1P7-A3 分项分数= 30%×b。

b：在城市综合交通（公共汽车、地铁、轻轨、轮渡、出租车、公共自行车）、公用事业缴费、社保服务、风景名胜区、社区、园区、停车场管理、商超支付、流动人口管理、社会养老助残等十个领域，在唯一的一张卡上每支持一个领域应用得 10 分，满分 100 分。

数据要求：卡的类型和管理部门不限，但应由选定的一张卡进行统计，不应是多张卡支持不同应用的叠加。数据取某一时间点的统计数据，如评价开始前的月末数据。

数据来源：城市的一卡通运营机构。

5.1.8 帮扶服务 L1P8

本指标用于评价城市利用信息化手段对贫困人群、残疾人群等困难群体的帮扶情况。现阶段选取困难户电子信息档案建档率和互联网残疾人无障碍访问情况两个分项进行评价。

1. 指标意义及作用

本指标体现了新型智慧城市建设“以人为本、普惠全民”的根本原则，反映了新型智慧城市建设成果对贫困人群、残疾人群等困难群体的帮扶作用。

2. 政策基础

我国从“十一五”期间至今，一直积极推进贫困人口建档立卡工作，根据贫困人口的不同特点，分类采取措施，提高扶贫开发的针对性和扶贫成效。国务院办公厅《关于进一步动员社会各方面力量参与扶贫开发的意见》（国办发〔2014〕58 号）中再次明确提出“以贫困村、贫困户建档立卡信息为基础，结合集中连片特殊困难地区区域发展与扶贫攻坚规划，按照科学扶贫、精准扶贫的要求，制定不同层次、不同类别的社会扶贫项目规划，为社会扶贫提供准确的需求信息，推进扶贫资源供给与扶贫需求的有效对接，进一步提高社会扶贫资源配置与使用效率”。

国务院《关于印发“十三五”加快残疾人小康进程规划纲要的通知》（国发〔2016〕47 号）和《关于加快推进残疾人小康进程的意见》（国发〔2015〕7 号）的文件中明确提出了“大力推进互联网和移动互联网信息服务无障碍，推进政府信息以无障碍方式发布”的要求。

3. 评价方法

帮扶服务（L1P8）由困难户电子信息档案建档率（L1P8-A1）和互联网残疾人无障碍访问情况（L1P8-A2）两个分项进行评价。帮扶服务（L1P8）的得分=5%×两个分项分数之和。5%为帮扶服务（L1P8）的二级指标权重。

（1）困难户电子信息档案建档率（L1P8-A1）

计算方法：L1P8-A1 分项分数= 60%×（b1×0.5+b2×0.5）。

b1：农村贫困户电子信息档案建档立卡率得分=（农村已实现电子信息档案建档立卡的贫困户数量/农村贫困户总数）×100。

b2：低保户电子信息档案建档率得分=（已实现电子信息档案建档的低保户数量/低保户总数）×100。

数据要求：b1 中农村贫困户应符合国家或当地扶贫识别标准。农村贫困户电子信息档案建档立卡是指贫困户信息已建立电子信息档案并已录入扶贫信息网络系统。b2 中低保户电子信息档案建档是指低保户基本信息和申请所附主要材料均实现电子化，并已录入相关系统建立电子信息档案。数据取某一时间点的统计数据，如评价开始前的月末数据。

数据来源：城市扶贫主管部门、城市民政主管部门。

（2）互联网残疾人无障碍访问情况（L1P8-A2）

计算方法：L1P8-A2 分项分数= 40%×（b1+b2+b3）。

b1：城市政府主门户网站支持无障碍访问情况，支持得 50 分，不支持得 0 分。

b2：城市政府各部门网站支持无障碍访问情况，90%以上部门支持得 30 分，60%以上部门支持得 20 分，30%以上部门支持得 10 分，30%以下部门支持得 0 分。

b3：城市主流新闻媒体网站支持无障碍访问情况，浏览量前三位的城市本地新闻媒体网站均支持得 20 分，2 家支持得 10 分，1 家支持得 5 分，均不支持得 0 分。

数据要求：数据取某一时间点的统计数据，如评价开始前的月末数据。

数据来源：地方政府。

5.1.9　电商服务 L1P9

本指标用于评价电子商务中网络消费、跨境贸易等发展情况。现阶段选取网上商品零售占比、跨境电商交易占比等两个分项进行评价。

1. 指标意义及作用

近年来电子商务发展迅猛，电子商务已成为推动服务业转型升级，催生新兴业态，提供公共产品、公共服务的新力量，成为智慧城市经济发展的重要动力。本指标体现了利用电子商务突破城市地理空间和自然资源的限制，提高城市的经济影响力和辐射力，降低物质资源和能源消耗，发展绿色经济，改善城市管理，增强公共服务能力的要求。

2. 政策基础

《国务院关于大力发展电子商务加快培育经济新动力的意见》（国发〔2015〕24 号）提出推动传统商贸流通企业发展电子商务，鼓励有条件的大型零售企业开办网上商城，支持中小零售企业与电子商务平台优势互补，加强服务资源整合，促进线上交易与线下交易融合互动。《国务院办公厅关于促进跨境电子商务健康快速发展的指导意见》（国办发〔2015〕46 号）提出支持国内企业更好地利用电子商务开展对外贸易，鼓励企业间贸易尽快实现全程在线交易，不断扩大可交易商品范围。支持跨境电子商务零售出口企业加强与境外企业合作。在国家发展改革委等部门组织开展的国家电子商务示范城市评价工作中，也将网上商品零售、跨境贸易电商纳入了电子商务评价指标体系。

3．评价方法

电商服务（L1P9）由网上商品零售占比（L1P9-A1）和跨境电商交易占比（L1P9-A2）两个分项进行评价。电商服务（L1P9）的得分=2%×两个分项分数之和。2%为电商服务（L1P9）的二级指标权重。

（1）网上商品零售占比（L1P9-A1）

指地区网上商品零售额与地区社会消费品零售总额的比率。

计算方法：L1P9-A1 分项分数= 50%×（地区网上商品零售额/地区社会消费品零售总额）×100。

数据要求：数据取某一时间段内的统计数据，如年度数据。

数据来源：城市统计部门和第三方机构。

（2）跨境电商交易占比（L1P9-A2）

计算方法：L1P9-A2 分项分数= 50%×（跨境电商交易额/进出口总额）×100

数据要求：数据取某一时间段内的统计数据，如年度数据。

数据来源：地方政府。

5.2　精准治理 L2

5.2.1　城市管理 L2P1

本指标用于评价运用数字化手段对城市进行智慧管理，发展智能化市政基础设施的情况。现阶段选取数字化城管情况、市政管网管线智能化监测率、综合管廊覆盖率等三个分项进行评价。

1．指标意义及作用

本指标体现了现代信息技术与城市管理服务融合，以提升城市治理和服务水平。建立健全“市、区、街道、社区”四级管理网络，科学划分网格单元，将城市管理、社会管理和公共服务事项纳入网格化管理。建设地下综合管廊，逐步推开城市地下综合管廊建设，统筹各类管线敷设，综合利用地下空间资源，提高城市综合承载能力。

2．政策基础

《国务院办公厅关于推进城市地下综合管廊建设的指导意

见》（国办发〔2015〕61 号）中明确提出了推进城市智慧管理，建设地下综合管廊的要求。加强城市管理和服务体系智能化建设，促进大数据、物联网、云计算等现代信息技术与城市管理服务融合，提升城市治理和服务水平。城市新区、各类园区、成片开发区域新建道路必须同步建设地下综合管廊，老城区要结合地铁建设、河道治理、道路整治、旧城更新、棚户区改造等，逐步推进地下综合管廊建设。

3. 评价方法

城市管理指标（L2P1）由数字化城管情况（L2P1-A1）、市政管网管线智能化监测管理率（L2P1-A2）、综合管廊覆盖率（L2P1-A3）等三个分项进行评价。城市管理指标（L2P1）的得分=4%×三个分项分数之和。4%为城市管理（L2P1）的二级指标权重。

（1）数字化城管情况（L2P1-A1）

计算方法：L2P1-A1 分项分数= 25%×（b1+b2+b3+b4）。

b1：城市管理事部件的立案率得分=立案率不低于 95%时 25 分，介于[90%,95%）时 20 分，介于[85%,90%）时 15 分，介于[80%,85%）时 10 分，低于 80%时 0 分；

b2：城市管理事部件办理的派遣正确率得分=派遣正确率不

低于 90%时 25 分，介于[85%,90%）时 20 分，介于[80%,85%）时 15 分，介于[75%,80%）时 10 分，低于 75%时 0 分；

b3：执行部门按时处置率得分=执行部门按时处置率不低于 80%时 25 分，介于[75%,80%）时 20 分，介于[70%,75%）时 15 分，介于[65%,70%）时 10 分，低于 65%时 0 分；

b4：城市管理事部件的结案率得分=结案率不低于 90%时 25 分，介于[85%,90%）时 20 分，介于[80%,85%）时 15 分，介于[75%,80%）时 10 分，低于 75%时 0 分。

数据要求：数据取某一时间段内的统计数据，如年度数据。

数据来源：数字化城市管理信息系统。

（2）市政管网管线智能化监测管理率（L2P1-A2）

计算方法：L2P1-A2 分项分数= 50%×（可以由物联网等技术进行智能化监测管理的城市市政管网管线长度/城市市政管网管线总长度）×100。

数据要求：管网管线包括水、电、气三类，长度按三类管网管线之和计算。数据取某一时间点的统计数据，如评价开始前的月末数据。

数据来源：城市住建主管部门。

（3）综合管廊覆盖率（L2P1-A3）

计算方法：L2P1-A3 分项分数= 25%×（城市新区、各类园区、成片开发区域的新建道路同步建设地下综合管廊长度/城市新区、各类园区、成片开发区域的新建道路长度）×100。

数据要求：地下综合管廊长度和新建道路长度含已开工及完成建设的长度。数据取上一年至评价开始前的数据。

数据来源：城市住建主管部门。

5.2.2　公共安全 L2P2

本指标用于评价城市构建立体化社会治安防控体系，开展公共安全视频监控建设联网应用的情况。现阶段选取公共安全视频资源采集和覆盖情况、公共安全视频监控资源联网和共享程度，以及公共安全视频图像提升社会管理能力情况等三个分项进行评价。

1. 指标意义及作用

推进公共安全视频监控建设联网应用是城市立体化社会治安防控体系建设的重要组成，对于提升城市管理水平、创新社会治理体制具有重要意义。公共安全指标体现了智慧城市对发展“全域覆盖、全网共享、全时可用、全程可控”的公共安全视频监控建设联网应用的要求。

2．政策基础

《国家新型城镇化规划（2014—2020 年）》将创新立体化社会治安防控体系作为提升城市社会治理水平的一项重要内容。《关于加强公共安全视频监控建设联网应用工作的若干意见》（发改高技〔2015〕996 号）提出公共安全视频监控建设联网应用对进一步推进立体化社会治安防控体系建设，提升社会治理能力现代化水平具有重要意义，明确了重点公共区域视频监控覆盖，重点行业、领域的重要部位视频监控覆盖率，重点公共区域视频监控联网率，高清摄像机比例，摄像机完好率等主要发展目标。

3．评价方法

公共安全指标（L2P2）由公共安全视频资源采集和覆盖情况（L2P2-A1）、公共安全视频监控资源联网和共享程度（L2P2-A2）、公共安全视频图像提升社会管理能力情况（L2P2-A3）等三个分项进行评价。公共安全指标（L2P2）的得分=5%×三个分项分数之和。5%为公共安全指标（L2P2）的二级指标权重。

（1）公共安全视频资源采集和覆盖情况（L2P2-A1）

是由城市重点公共区域视频监控覆盖率，城市重点公共区域高清摄像机比率，城市重点行业、领域视频监控覆盖率，城市重点公共区域安装的摄像机完好率，城市重点行业、领域安装的涉及公共安全的摄像机完好率等进行综合评价。

计算方法：L2P2-A1 分项分数= 40%×（b1×0.25+ b2×0.2+ b3×0.15+ b4×0.25+ b5×0.15）。

b1：城市重点公共区域视频监控覆盖率得分=（视频监控已经覆盖的城市重点公共区域数量/视频监控应当覆盖的城市重点公共区域数量）×100；

b2：城市重点公共区域高清摄像机比率得分=（城市重点公共区域高清摄像机数量/城市重点公共区域摄像机总数量）×100；

b3：城市重点行业、领域视频监控覆盖率得分=（视频监控已经覆盖的城市重点行业、领域涉及公共安全的区域数量/视频监控应当覆盖的城市重点行业、领域涉及公共安全的区域数量）×100；

b4：城市重点公共区域安装的摄像机完好率得分=（城市重点公共区域完好摄像机数量/城市重点公共区域摄像机总数量）×100；

b5：城市重点行业、领域安装的涉及公共安全的摄像机完好率得分=（城市重点行业、领域安装的涉及公共安全的完好摄像机数量/城市重点行业、领域安装的涉及公共安全的摄像机总数量）×100。

数据要求：指标中提及的城市重点区域，城市重点行业、领域的范围按照公安主管部门有关要求并结合城市情况确定。数据取某一时间点的统计数据，如评价开始前的月末数据。

数据来源：城市公安主管部门。

（2）公共安全视频监控资源联网和共享程度（L2P2-A2）

是由城市重点公共区域视频监控联网率，城市重点行业、领域涉及公共安全的视频图像资源联网率，城市政府部门间公共安全视频图像共享协议有无情况等进行综合评价。

计算方法：L2P2-A2 分项分数= 30%×（b1×0.3+ b2×0.2+ b3×0.5）。

b1：城市重点公共区域视频监控联网率得分=（已经接入视频图像共享平台的城市重点公共区域内视频监控摄像机数量/城市重点公共区域内视频监控摄像机总数量）×100；

b2：城市重点行业、领域涉及公共安全的视频图像资源联网率得分=（已经接入视频图像共享平台的城市重点行业、领域涉及公共安全的区域内视频监控摄像机数量/城市重点行业、领域涉及公共安全的区域内视频监控摄像机总数量）×100

b3：城市政府部门间公共安全视频图像共享协议有无情况得分，如有得 100 分，没有得 0 分。

数据要求：指标中提及的城市重点区域，城市重点行业、领域的范围按照公安主管部门有关要求并结合城市情况确定。

数据取某一时间点的统计数据，如评价开始前的月末数据。

数据来源：城市公安主管部门。

（3）公共安全视频图像提升社会管理能力情况（L2P2-A3）

是由安全视频图像支撑公安实战的贡献率、公共安全视频图像服务除公安以外政府部门情况等进行综合评价。

计算方法：L2P2-A3 分项分数= 30%×（b1×0.5+ b2×0.5）。

b1：安全视频图像支撑公安实战的贡献率得分=（年度公安机关利用视频监控协助查破的刑事案件数量/年度公安机关查破的刑事案件总数）×100；

b2：公共安全视频图像服务除公安以外政府部门情况得分，如个数多于 4 个得 100 分，否则得 0 分。

数据要求：数据取年度数据。

数据来源：城市公安主管部门。

5.3 生态宜居 L3

5.3.1 智慧环保 L3P1

本指标用于评价城市在环境保护方面开展智慧化监测，进行环境信息公开和环境问题处置等工作的情况。现阶段选取重点污染源在线监测情况、企业事业单位环境信息公开率和城市环境问题处置率等三个分项进行评价。

1. 指标意义及作用

本指标体现了智慧城市对营造城市宜居环境的要求。

2. 政策基础

《中共中央关于制定国民经济和社会发展第十三个五年规划的建议》提出坚持绿色发展，着力改善生态环境，明确了全面建成小康社会决胜阶段推进绿色发展的目标任务和战略举措。“十三五”时期环境保护要以提高环境质量为核心。

企业事业单位实施环境信息公开的主要依据是《清洁生产促进法》，以及原国家环保总局 2008 年颁布实施的《环境信息公开办法（试行）》和环境保护部 2013 年印发的《国家重点监控企业自行监测及信息公开办法（试行）》。新《环境保护法》通过专章提出要全面加强信息公开与公众参与，规定了重点排污单位强制公开环境信息相关要求和责任。《企业事业单位环境信息公开办法》（中华人民共和国环境保护部令第 31 号）对企业事业单位环境信息的公开进行了进一步明确和细化要求。

3. 评价方法

智慧环保指标（L3P1）由重点污染源在线监测情况（L3P1-A1）、企业事业单位环境信息公开率（L3P1-A2）、城市环境问题处置率（L3P1-A3）等三个分项进行评价。智慧环保指标（L3P1）的得分=4%×三个分项分数之和。4%为智慧环保指标（L3P1）的二级指标权重。

（1）重点污染源在线监测情况（L3P1-A1）

指实现自动在线监测的重点污染源数量与所有重点污染源数量的比率。

计算方法：L3P1-A1 分项分数= 40%×（实现自动在线监测的重点污染源数量/所有重点污染源数量）×100。

数据要求：重点污染源包括国控、省控、市控各级污染源。数据取年度重点污染源的数据。

数据来源：城市环境保护主管部门。

（2）企业事业单位环境信息公开率（L3P1-A2）

指公开环境信息的企业事业单位数与辖区内重点排污企业事业单位数的比率。

计算方法：L3P1-A2 分项分数= 30%×（公开环境信息的企业事业单位数/辖区内重点排污企业事业单位数）×100。

数据要求：辖区内重点排污企业事业单位是指列入本地区重点排污单位名录的单位，公开环境信息的企业事业单位是指名录中在当年公开了环境信息的企业事业单位。公开应通过政府网站、报刊、广播、电视等便于公众知晓的方式公布。

数据来源：城市环境保护主管部门。

（3）城市环境问题处置率（L3P1-A3）

指环境事件处置数量与环境事件举报数量的比率。

计算方法：L3P1-A3 分项分数= 30%×（环境事件处置数量/环境事件举报数量）×100。

数据要求：环境事件处置数量是指被举报的环境事件中完成处置的事件数量。数据取某一时间段内的统计数据，如年度数据。

数据来源：城市环境保护主管部门。

5.3.2　绿色节能 L3P2

本指标用于评价城市绿色发展，推动节能降耗的工作情况。现阶段选取万元 GDP 能耗降低率、绿色建筑覆盖率和重点用能单位在线监测率等三个分项进行评价。

1．指标意义及作用

本指标体现随着能源科技进步、消费结构优化，城市在新能源开发利用，推广建筑节能技术，能源消耗监测与管理等方面的情况。

2．政策基础

《中共中央关于制定国民经济和社会发展第十三个五年规划的建议》提出坚持绿色发展，着力改善生态环境，明确了全面建成小康社会决胜阶段推进绿色发展的目标任务和战略举措。“十三五”时期环境保护要以提高环境质量为核心，环境质量是根本日标，污染减排是重要手段。

《绿色建筑行动方案》（国办发〔2013〕1 号）中明确要求推广绿色建筑的发展。将绿色建筑覆盖率作为绿色节能的关键指标。

《国务院办公厅关于印发 2014-2015 年节能减排低碳发展行动方案的通知》（国办发〔2014〕23 号）提出“加快推进重点用能单位能耗在线监测系统建设”的要求。

3．评价方法

绿色节能（L3P2）由万元 GDP 能耗降低率（L3P2-A1）、绿色建筑覆盖率（L3P2-A2）、重点用能单位在线监测率（L3P2-A3）等三个分项进行评价。绿色节能（L3P2）的得分=4%×三个分项分数之和。4%为绿色节能（L3P2）的二级指标权重。

（1）万元 GDP 能耗降低率（L3P2-A1）

指年度万元 GDP 能耗降低情况。体现经济活动中对能源的利用程度，反映经济结构和能源利用效率的变化。

计算方法：L3P2-A1 分项分数= 30%×b

b：万元 GDP 能耗降低率得分=[（年度能源消耗总量/年度地区生产总值）/（上一年度能源消耗总量/上一年度地区生产总值）-1]×100。能耗降低取正数值计算分数，能耗升高按 0 分计算分数。

数据要求：数据取年度万元地区生产总值能耗降低率数据。

数据来源：城市统计局、能源局、发改委。

（2）绿色建筑覆盖率（L3P2-A2）

指新建绿色建筑总面积与城市新建建筑总面积的比率。

计算方法：L3P2-A2 分项分数= 30%×（新建绿色建筑总面积/城市新建建筑总面积）×100。

数据要求：绿色建筑判定的标准为“绿色建筑评价”相关国标或地标。数据取上一年至评价开始前的数据。

数据来源：城市住建主管部门。

（3）重点用能单位在线监测率（L3P2-A3）

指纳入在线监测的重点用能单位数量与所有重点用能单位数量的比率。

计算方法：L3P2-A3 分项分数= 40%×（纳入在线监测的重点用能单位数量/所有重点用能单位数量）×100。

数据要求：数据取当年重点用能单位的数据。

数据来源：城市能源局、发改委。

5.4 智能设施 L4

5.4.1 宽带网络设施 L4P1

本指标用于评价城市固定宽带网络和移动宽带网络发展的情况。现阶段评价选取固定宽带家庭普及率、光纤到户用户渗透率、移动宽带用户普及率等三个分项进行评价。

1. 指标意义及作用

宽带网络是新时期经济社会发展的战略性公共基础设施，对推动智慧城市发展具有重要的支撑作用。宽带网络设施指标体现了智慧城市对明确宽带网络的战略性公共基础设施属性，加快高速宽带网络建设和普及的要求。

2. 政策基础

近年来国家对宽带网络发展高度重视，先后出台的《“宽带中国”战略及实施方案》（国发〔2013〕31 号）、《国务院办公厅关于加快高速宽带网络建设推进网络提速降费的指导意见》（国办发〔2015〕41 号）对宽带网络发展进行战略引导和系统部署，明确提出加快推进全光纤网络城市和第三代移动通信（3G）、第四代移动通信（4G）网络建设，并将固定宽带家庭普及率、3G/LTE 用户、光纤到户（FTTH）用户等指标作为“宽带中国”发展的重要目标。从 2014 年开始，工业和信息化部、国家发展改革委联合开展创建“宽带中国”示范城市 （城市群）工作，将固定宽带家庭普及率、3G/LTE 移动电话人口普及率作为城市宽带发展基础和创建目标的关键指标。

3. 评价方法

宽带网络设施指标（L4P1）由固定宽带家庭普及率（L4P1-A1）、光纤到户用户渗透率（L4P1-A2）、移动宽带用户普及率（L4P1-A3）等三个分项进行评价。宽带网络设施指标（L4P1）的得分=4%×三个分项分数之和。4%为宽带网络设施指标（L4P1）的二级指标权重。

（1）固定宽带家庭普及率（L4P1-A1）

指城市中家庭固定宽带接入用户数与城市总户数的比率。体现了固定宽带家庭普及情况。

计算方法：L4P1-A1 分项分数= 40%×（家庭固定宽带接入用户数/城市总户数）×100。比率如超过 1 则按 1 取值。

数据要求：城市总户数取最近一次年度统计数据。家庭固定宽带接入用户数取某一时间点的统计数据，如评价开始前的月末数据。

数据来源：地方通信管理局。

（2）光纤到户用户渗透率（L4P1-A2）

指城市中光纤到户实际用户数与固定宽带接入用户总数的比率。体现了具备固定高带宽能力的用户情况。

计算方法：L4P1-A2 分项分数= 30%×（光纤到户实际用户数/固定宽带接入用户总数）×100。

数据要求：数据取某一时间点的统计数据，如评价开始前的月末数据。

数据来源：地方通信管理局。

（3）移动宽带用户普及率（L4P1-A3）

指城市中 3G 制式及以上移动电话用户数与城市常住人口数的比率。体现了移动宽带用户的普及情况。

计算方法：L4P1-A3 分项分数= 30%×（3G 制式及以上移动电话用户数/城市常住人口数）×100。比率如超过 1 则按 1 取值。

数据要求：3G 制式及以上移动电话用户数包括 3G 移动电话用户数、4G 移动电话用户数以及未来的 5G 移动电话用户数。移动电话用户数取某一时间点的统计数据，如评价开始前的月末数据。城市常住人口数取最近一次年度统计数据。

数据来源：地方通信管理局。

5.4.2　时空信息平台 L4P2

本指标用于评价城市建立时空信息服务体系，开展时空信息服务的情况。现阶段选取多尺度地理信息覆盖和更新情况、平台在线为部门及公众提供空间信息应用情况，以及为用户提供高精度位置服务情况等三个分项进行评价。

1．指标意义及作用

智慧城市时空信息云平台是通过泛在网络、传感设备、智能计算等新型高科技手段，实时汇集城市各种时空信息，而形成的更透彻感知、更广泛互联、更智能决策、更灵性服务和更安全可靠的地理信息服务平台，是智慧城市建设的重要的空间信息基础设施。

2．政策基础

《关于促进智慧城市健康发展的指导意见》（发改高技〔2014〕1770 号）提出“统筹数字化城市管理信息系统、城市地理空间信息及建（构）筑物数据库等资源”，“加快推进信息资源共享与更新。统筹城市地理空间信息及建（构）筑物数据库等资源，加快智慧城市公共信息平台和应用体系建设”。

《关于开展智慧城市时空信息云平台建设试点工作的通知》（国测国发〔2012〕122 号）提出推进智慧城市时空信息云平台建设，是加快实现测绘地理信息事业创新驱动、为智慧城市建设提供可靠保障的重大举措。

3．评价方法

时空信息平台指标（L4P2）由多尺度地理信息覆盖度和更新情况（L4P2-A1）、平台在线为部门及公众提供空间信息应用情况（L4P2-A2）、为用户提供高精度位置服务情况（L4P2-A3）等三个分项进行评价。时空信息平台指标（L4P2）的得分=3%×三个分项分数之和。3%为时空信息平台指标（L4P2）的二级指标权重。

（1）多尺度地理信息覆盖度和更新情况（L4P2-A1）

指城市多尺度地理信息系统的覆盖度和更新情况。

计算方法：L4P2-A1 分项分数= 40%×（b1×0.5 +b2×0.5）。

b1=（城市大比例尺地形图覆盖面积/建成区面积）×100。

b2=（0.5/更新周期）×100。

数据要求：更新周期以半年为单位，小于半年的，更新周期按 0.5 计算。数据取某一时间点的统计数据，如评价开始前的月末数据。

数据来源：城市测绘地理信息主管部门。

（2）平台在线为部门及公众提供空间信息应用情况（L4P2-A2）

计算方法：L4P2-A2 分项分数= 40%×（b1×0.5 +b2×0.5）。

b1=（实际应用部门数量/部门总数量）×100。

b2=（平台活跃用户数量/城市常住人口数量）×100。

数据要求：部门数量指各地方政府委办局数量。城市常住人口数量取最近一次年度统计数据。其他数据取某一时间点的统计数据，如评价开始前的月末数据。

数据来源：城市测绘地理信息主管部门。

（3）为用户提供高精度位置服务情况（L4P2-A3）

指多尺度地理信息系统为用户提供高精度位置服务的水平。

计算方法：L4P2-A3 分项分数= 20%×（b1×0.5 +b2×0.5）。

b1=（厘米级企事业单位用户数量/城市测绘资质单位总数）×100。

b2=（实际应用部门数量/部门总数量）×100。

数据要求：部门数量指各地方政府委办局数量。数据取某一时间点的统计数据，如评价开始前的月末数据。

数据来源：城市测绘地理信息主管部门。

5.5　信息资源 L5

5.5.1　开放共享 L5P1

本指标用于评价城市政府部门数据共享和公共信息资源向

社会开放的情况。现阶段选取公共信息资源社会开放率和信息资源部门间共享率两个分项进行评价。

1．指标意义及作用

信息资源开放共享，是智慧城市建设中实现各类智慧化应用的基本数据保障。信息资源开放共享指标体现各类民生保障服务相关领域的政府数据开放共享的程度和多方数据共享、制度对接和协同配合的情况。

2．政策基础

先后出台的《关于促进智慧城市健康发展的指导意见》（发改高技〔2014〕1770）、《促进大数据发展行动纲要》（国发〔2015〕50 号）等文件都明确提出，把加快政府数据开放共享作为主要任务之一，要结合信息惠民工程实施和智慧城市建设，进一步加强政务部门信息共享和跨部门协同应用，优先推动信用、交通等 20 类民生保障服务相关领域的政府数据集中向社会开放。

3．评价方法

信息资源开放共享指标（L5P1）由公共信息资源社会开放率（L5P1-A1）、信息资源部门间共享率（L5P1-A2）等两个分项进行评价。信息资源开放共享指标（L5P1）的得分=4%×两个分项分数之和。4%为信息资源开放共享指标（L5P1）的二级指标权重。

（1）公共信息资源社会开放率（L5P1-A1）

指可 API 访问的已开放的公共信息资源类别数量与需要开放的公共信息资源类别总数的比率。

计算方法：L5P1-A1 分项分数= 50%×（可 API 访问的已开放的公共信息资源类别数量/需要开放的公共信息资源类别总数）×100。

数据要求：需要开放的公共信息资源类别总数为 20，具体包括信用、公安、交通、医疗、卫生、就业、社保、地理、文化、教育、科技、资源、农业、环境、安监、金融、质量、统计、气象、企业登记监管等 20 类民生保障服务相关领域的政府数据集。暂不对每个类别中可 API 访问的已开放的公共信息资源具体种类和数量进行要求。数据取某一时间点的统计数据，如评价开始前的月末数据。

数据来源：地方政府。

（2）信息资源部门间共享率（L5P1-A2）

指制定信息资源目录并提供共享的部门数量与政府部门总数量的比率。

计算方法：L5P1-A2 分项分数= 50%×（制定信息资源目录并提供共享的部门数量/政府部门总数量）×100

数据要求：制定信息资源目录并提供共享是指制定了部门

权责范围内的信息资源目录，并将非密信息资源全部共享给其他部门，如仅向其他部门共享少量信息资源不应计算在内。数据取某一时间点的统计数据，如评价开始前的月末数据。

数据来源：地方政府。

5.5.2 开发利用 L5P2

本指标用于评价政企合作对城市基础信息资源开发利用，发展创新服务，推动城市精准化治理的情况。现阶段选取政企合作对基础信息资源的开发情况进行评价。

1. 指标意义及作用

信息资源开发利用是提升城市综合竞争力的重要手段。信息资源开发利用指标体现政府信息资源的网络化共享、集约化整合、协作化开发和高效利用，以及各地在信息资源共享基础上所提供的公共服务能力和水平的提升情况。

2. 政策基础

先后出台的《关于促进智慧城市健康发展的指导意见》(发改高技〔2014〕1770)、《促进大数据发展行动纲要》(国发〔2015〕50 号）等文件都要求深化重点领域信息资源开发利用，主要是通过大数据工程，推进金融、税收、审计、统计、农业、规划、消费、投资、进出口、城乡建设、劳动就业、收入分配、电力及产业运行、质量安全、节能减排等领域国民经济相关数据的综合利用，实现开发各类便民应用、优化公共资源配置、提升公共服务水平和城市综合竞争力的目标。

3. 评价方法

信息资源开发利用指标（L5P2）由政企合作对基础信息资源的开发情况（L5P2-A1）分项进行评价。信息资源开发利用指标（L5P2）的得分=3%×分项分数。3%为信息资源开发利用（L5P2）的二级指标权重。

- 政企合作对基础信息资源的开发情况（L5P2-A1）

指在 10 类城市治理与公共服务领域，政府与社会共同合作，利用主要基础信息资源开发的成功案例的情况。

计算方法：L5P2-A1 分项分数=宏观调控决策支持、企业监管、质量安全、节能降耗、环境保护、食品安全、安全生产、信用体系建设、旅游服务、应急处突等 10 类城市治理领域，每 1 类领域实现 2 个及以上开发应用案例得 10 分，满分 100 分。

数据要求：开发应用案例应是评价开始前 2 年内城市通过政企合作，利用主要基础信息资源开发的，已正式运营半年以上的案例数量，正在开发的、试用的、上线运营时间小于半年的都不计算在内。

数据来源：地方政府。

5.6 网络安全 L6

5.6.1 网络安全管理 L6P1

本指标用于评价智慧城市在建设和管理过程中落实安全责任制，加强智慧城市网络安全工作的统筹协调和顶层设计，全面落实信息安全等级保护制度的情况。在智慧城市运营过程中加强网络安全监测、通报预警和信息共享，全力提高网络安全风险抵御能力和应急能力的情况。现阶段选取智慧城市网络安全组织协调机制的建立情况、建立通报机构及机制，对信息进行共享和通报预警，提高防范控制能力情况、建立完善网络安全应急机制，提高风险应对能力，并对重大网络安全事件进行及时有效的响应和处置等三个分项进行评价。

1．指标意义及作用

网络安全管理是智慧城市网络安全的基础，是加强智慧城市网络安全的重要手段。本指标体现了智慧城市网络安全管理制度的建设情况，通报预警、网络安全应急、事件处置等信息共享制度建设和运营情况。

2．政策基础

《关于促进智慧城市健康发展的指导意见》（发改高技〔2014〕1770）提出“网络安全长效化，城市网络安全保障体系和管理制度基本建立，基础网络和要害信息系统安全可控，重要信息资源安全得到切实保障，居民、企业和政府的信息得到有效保护”的要求。《关于加强智慧城市网络安全管理工作的若干意见》（中网办发文〔2015〕9 号）提出“加强网络安全监测、通报预警和信息共享，全力提高网络安全风险抵御能力和应急能力”的要求。

3．评价方法

网络安全管理（L6P1）由智慧城市网络安全组织协调机制的建立情况（L6P1-A1）、建立通报机构及机制，对信息进行共享和通报预警，提高防范控制能力情况（L6P1-A2）、建立完善网络安全应急机制，提高风险应对能力，并对重大网络安全事件进行及时有效的响应和处置（L6P1-A3）等三个分项进行评价。网络安全管理（L6P1）指标的得分=4%×三个分项分数之和。4%为网络安全管理（L6P1）指标的二级指标权重。

（1）智慧城市网络安全组织协调机制的建立情况（L6P1-A1）

指城市是否成立智慧城市网络安全领导小组及办事机构，

并且建立网络安全工作机制，落实各级网络安全责任。

计算方法：L6P1-A1 分项分数=以正式文件形式发布，并落实 2 项要求，得 30 分；以正式文件形式发布，落实 1 项要求，得 10 分；否则，得 0 分。

说明：应以正式文件形式，按照党委网信领导小组领导，依托智慧城市建设组织协调机制：

① 建立智慧城市网络安全工作机制；

② 落实各级网络安全责任。

数据要求：数据取某一时间点的统计数据，如评价开始前的月末数据。

数据来源：地方党委、政府。

（2）建立通报机构及机制，对信息进行共享和通报预警，提高防范控制能力情况（L6P1-A2）

指城市是否建立了有效的通报机制，可尽快将发生的安全事件和隐患进行通报，并对通报的事件和安全隐患进行整改。

计算方法：L6P1-A2 分项分数=建立起有效的通报预警机制，通报成员单位范围覆盖所有关键信息基础设施，并对通报事件或隐患进行及时整改，得 30 分；建立通报预警机制，通报成员单位范围覆盖关键信息基础设施 90%以上，并对通报事件或隐患进行及时整改，得 20 分；建立通报预警机制，通报成员单位范围覆盖关键信息基础设施 80%以上，并对通报事件或隐患进行及时整改，得 10 分；否则，得 0 分。

数据要求：数据取某一时间点的统计数据，如评价开始前的月末数据。

数据来源：安全检查结果。

（3）建立完善网络安全应急机制，提高风险应对能力，并对重大网络安全事件进行及时有效的响应和处置（L6P1-A3）

指城市是否建立了跨部门的应急机制，是否制定应急预案，配置应急资源，并定期进行应急演练，是否对出现的重大网络安全事件进行及时响应，及时处置。

计算方法：L6P1-A3 分项分数=满足 4 项要求，得 40 分；满足 3 项要求，得 30 分；满足 2 项要求，得 20 分；否则，得 0 分。当不满足（4）时，得 0 分。

① 制定有效的应急预案并定期演练；

② 应急资源包括专业技术支撑服务单位；

③ 建立起与网信、公安、通信等部门的应急协作机制；

④ 出现重大网络安全事件后，及时响应，有效处置，责任追究到位。

数据要求：数据取某一时间点的统计数据，如评价开始前的月末数据。

数据来源：安全检查结果。

5.6.2 系统与数据安全 L6P2

本指标用于评价确保智慧城市关键信息基础设施的安全保障的情况。现阶段选取梳理并形成关键信息基础设施名录，并完成相关备案工作情况、根据风险评估结果和等级保护要求，对关键信息基础设施实施有效的安全防护、关键信息基础设施监管情况等三个分项进行评价。

1．指标意义及作用

系统与数据安全是智慧城市网络安全的根本，是智慧城市网络安全的重要目的，体现了“基础网络和要害信息系统安全可控，重要信息资源安全得到切实保障，居民、企业和政府的信息得到有效保护”的情况。

2．政策基础

《关于促进智慧城市健康发展的指导意见》（发改高技〔2014〕1770）提出“网络安全长效化，城市网络安全保障体系和管理制度基本建立，基础网络和要害信息系统安全可控，重要信息资源安全得到切实保障，居民、企业和政府的信息得到有效保护”的要求。《关于加强智慧城市网络安全管理工作的若干意见》（中网办发文〔2015〕9 号）提出“加强安全监管，全面提升智慧城市网络安全综合防控能力”的要求 ，以及“突出重点，加强智慧城市重要信息系统和关键数据资源的安全保障”的要求。

3. 评价方法

系统与数据安全（L6P2）由梳理并形成关键信息基础设施名录，并完成相关备案工作情况（L6P2-A1）、根据风险评估结果和等级保护要求，对关键信息基础设施实施有效的安全防护（L6P2-A2）、关键信息基础设施监管情况（L6P2-A3）等三个分项进行评价。系统与数据安全（L6P2）指标的得分=4%×三个分项分数之和。4%为系统与数据安全（L6P2）指标的二级指标权重。

（1）梳理并形成关键信息基础设施名录，并完成相关备案工作情况（L6P2-A1）

在《关于加强智慧城市网络安全管理工作的若干意见》（中网办发文〔2015〕9 号）中指出，党政部门、金融、交通、能源、电信、公共安全、公用事业等重点领域的网络基础设施、重要信息系统和关键数据资源的安全是网络安全保障的重中之重。在《关于开展关键信息基础设施网络安全检查的通知》（中网办发文〔2016〕3 号）中对关键信息基础设施有明确定义，该文已发至各地网信办和相关部门。梳理并形成关键信息基础设施名录，并完成相关备案工作情况是指各地市应根据以上规定和当地实际情对关键信息基础设施进行梳理，形成关键信息基础设施系统清单，并向各地网信办主管部门进行备案。

计算方法：L6P2-A1 分项分数=具有关键信息基础设施名录，且完成全部备案工作，得 30 分；备案率大于 90%，得 20 分；备案率小于或等于 90%，且大于 80%，得 10 分；否则，为 0 分。

数据要求：数据取某一时间点的统计数据，如评价开始前的月末数据。

数据来源：安全检查结果。

（2）根据风险评估结果和等级保护要求，对关键信息基础设施实施有效的安全防护（L6P2-A2）

指城市是否对关键信息基础设施进行风险评估和等级保护测评，形成风险评估报告和等级保护测评报告，并进行了相应整改。

计算方法：L6P2-A2 分项分数=完成风险评估和等级测评，并进行了整改，得 30 分；完成率大于 90%，得 20 分；完成率小于或等于 90%，且大于 80%，得 10 分；否则，为 0 分。

数据要求：数据取某一时间点的统计数据，如评价开始前的月末数据。

数据来源：风险评估报告、等保测评数据、安全检查结果。

（3）关键信息基础设施监管情况（L6P2-A3）

指城市是否对关键信息基础设施进行持续监管，是否每年按照地方政府、中央/省/地/市网信办、公安部门要求进行关键信息基础设施安全检查。

计算方法：L6P1-A3 分项分数=每年定期对关键信息基础设施开展安全检查，得 40 分；否则，得 0 分。

数据要求：数据取某一时间点的统计数据，如评价开始前的月末数据。

数据来源：安全检查结果。

5.7　改革创新 L7

改革创新 L7——体制机制 L7P1

本指标用于评价智慧城市统筹机制和管理机制建设，进行运营机制改革创新的情况。现阶段选取智慧城市统筹机制、管理机制、运营机制等三个分项进行评价。

1．指标意义及作用

本指标体现了以智慧城市领导体制和管理机制为代表的

体制机制保障，以及智慧城市长效运营机制为主的创新和改革要求。

2. 政策基础

近年来国家出台的有关新型城镇化和智慧城市的政策文件中，均提出了探索智慧城市的管理方式和保障机制等要求，确保可持续发展，特别是在智慧城市的建设发展中寻求政府与社会资本的合作模式及途径。重要的政策文件可参照《关于印发促进智慧城市健康发展的指导意见的通知》（发改高技〔2014〕1770 号）、《国务院关于深入推进新型城镇化建设的若干意见》（国发〔2016〕8 号）、《国务院关于加强地方政府性债务管理的意见》（国发〔2014〕43 号）和《关于推广运用政府和社会资本合作模式有关问题的通知》（财金〔2014〕76 号）。

3. 评价方法

体制机制（L7P1）由智慧城市统筹体制（L7P1-A1）、智慧城市管理机制（L7P1-A2）、智慧城市运营机制（L7P1-A3）等三个分项进行评价。体制机制（L7P1）指标的得分=4%×三个分项分数之和。4%为体制机制（L7P1）指标的二级指标权重。

（1）智慧城市统筹体制（L7P1-A1）

计算方法：L7P1-A1 分项分数= 30%×（b1+b2）。

b1：是否设立领导组织机构及领导体制：设立得 50 分，未设立得 0 分。

b2：领导组织机构是否有实际工作内容：有得 50 分，无得 0 分。

数据要求：数据取当年数据。即当年领导组织机构是否正常运转并开展实际工作。

数据来源：地方政府。

（2）智慧城市管理机制（L7P1-A2）

计算方法：L7P1-A2 分项分数= 30%×（b1+b2）。

b1：是否纳入政府绩效考核体系：纳入得 50 分，未纳入得 0 分。

b2：是否建立智慧城市项目管理制度：建立得 50 分，未建立得 0 分。

数据要求：数据取当年数据。即当年智慧城市重点项目是否纳入考核体系并按制度进行项目管理。

数据来源：地方政府。

（3）智慧城市运营机制（L7P1-A3）

计算方法：L7P1-A3 分项分数= 40%×（b1+b2）。

b1：政府和社会资本合作比率得分=（社会资本数量/总投资数）×50。

b2：是否有第三方运营：有得 50 分，无得 0 分。

数据要求：数据取某一时间点的统计数据，如评价开始前的月末数据。

数据来源：地方政府。

5.8 市民体验 L8

本指标通过调查问卷的形式评价。

5.9 自选指标 L9

本指标体现各省（市）在智慧城市建设中结合地方实际情况和需求，发展的特色领域以及取得的成效。在 2016 年开展的评价工作中，对此部分要求如下：

各省结合实际情况，可根据自愿原则设定自选评价指标，分值为 10 分，自选评价指标的设定和评价要求如下。

（1）各省自愿决定是否设定自选评价指标。如设定自选评价指标，省内各申报城市均应开展必选评价和自选评价。计划单列市不设定自选评价指标。

（2）自选评价指标的一级指标统一定名“自选指标”，二级指标由省设定，数量不超过 3 个，每个二级指标下的分项评价点不超过 3 个。需要为二级指标和二级指标下的分项评价点设定相应的权重，合计总分值为 10 分。

（3）自选评价指标应根据各地实际情况，尽可能选择可测量、可获取的客观数据，尽量避免以专家打分等主观方式进行评价。

（4）自选二级指标及二级指标下的分项评价点不应与指标体系中已提出的指标存在交叉重复，最好能够体现当前指标中未涵盖的领域和方向。如自选二级指标可以设定产业经济、旅游服务、社区服务等。

（5）自选评价指标与基础评价指标同步开展评价，各省市在设定自选二级指标及二级指标下的分项评价点时，应给出相应的指标释义、评价方法及计算公式等。

第二部分

智慧城市标准体系应用指南

第6章　中国智慧城市标准化进展

6.1　我国智慧城市标准体系

智慧城市标准体系是由智慧城市范围内相互关联的标准按照一定的结构进行逻辑组合，构成有机整体，标准体系内部的各项标准应按照合理的分类进行梳理。建立科学合理的智慧城市标准体系，有助于开展智慧城市标准化的顶层设计和总体布局，有利于判断和明确智慧城市的标准化方向和重点，对于科学合理地制定智慧城市相关标准以及促进智慧城市发展，都具有非常重要的意义。

当前，我国已有大批城市提出智慧城市建设，一些具体的智慧城市子系统的建设项目也已启动，国家智慧城市标准化总体组自 2013 年 11 月批复成立以来，对智慧城市建设情况进行了广泛调研，并在标准化工作方面重点开展了需求分析和与已有标准之间的差距分析工作，结合国家城镇化规划及综合标准化的指导路线，起草了国家智慧城市标准体系框架，包括标准体系框架图、层次结构图及标准明细表，对已有标准和待制定标准做了充分的比较分析研究工作，梳理出 7 大类相关标准，论证了一批急需急用的智慧城市关键技术标准缺项。

国家智慧城市标准化总体组在论证智慧城市的标准体系时，基于实际需求，把握新标准与已有标准的关系、急需急用标准与后续标准的关系、先进超前标准与我国技术和产业实际现状的关系，智慧城市标准体系的构建与现有标准全方位对接。在基础技术标准方面，除行业有特殊要求的基础技术标准外，一般按照国家和行业基础技术标准开展。根据统筹规划和整体协调的需要，对现有各行业信息化中涉及的数据格式、产品要求、通信网络等标准进行梳理和修订，将其纳入到智慧城市标准体系框架中。智慧城市标准体系建设中需要制修订的标准数量至少达数百项，并且一些标准还需在以后业务发展中不断构建。因此，按照“急用先制定”的原则，目前阶段的标准化工作主要定位在初步构建智慧城市标准体系框架，以智慧应用示范工程、智慧城市试点项目、智慧应用服务系统建设为依托，制定急需急用标准。智慧城市处于不断发展和演进的过程之中，技术需具备前瞻性，所以标准研制工作也要有一定超前性，标准不仅仅是对当前技术总结，同时也是对当前技术引领，通过具有前瞻性的标准来指导技术和产品研发。构建智慧城市是一项应用性极强的工作，标准体系的构建必需紧密结合城市发展的需要，既要借鉴国际标准化工作成果，统筹协调国际、国内标准化工作的同步推进，同时针对中国的国情和实际需求开展标准研制工作，才能确保标准真正的落地和产生积极影响。

智慧城市标准体系的建设工作提出了我国智慧城市总体性、统一性、体系性的规划，为后续智慧城市国家标准项目申报及制定提供重要依据，促进智慧城市健康、持续和规模化发展。另一方面，建设智慧城市是一项复杂的系统工程，涉及物联网、云计算、宽带无线移动通信等众多技术和城市管理、公共服务、市民生活等诸多领域，信息化系统内外部接口多，对信息和系统开放共享和协同互动的要求高，此外，智慧城市的安全保障问题也是智慧城市建设的核心和关键技术难题，这些智慧城市的特点使得智慧城市标准体系建设的意义和作用更加凸显。

6.2　体系框架和分体系解读

智慧城市标准体系框架（试行稿，国家智慧城市标准化总体组），如图 6-1 所示。

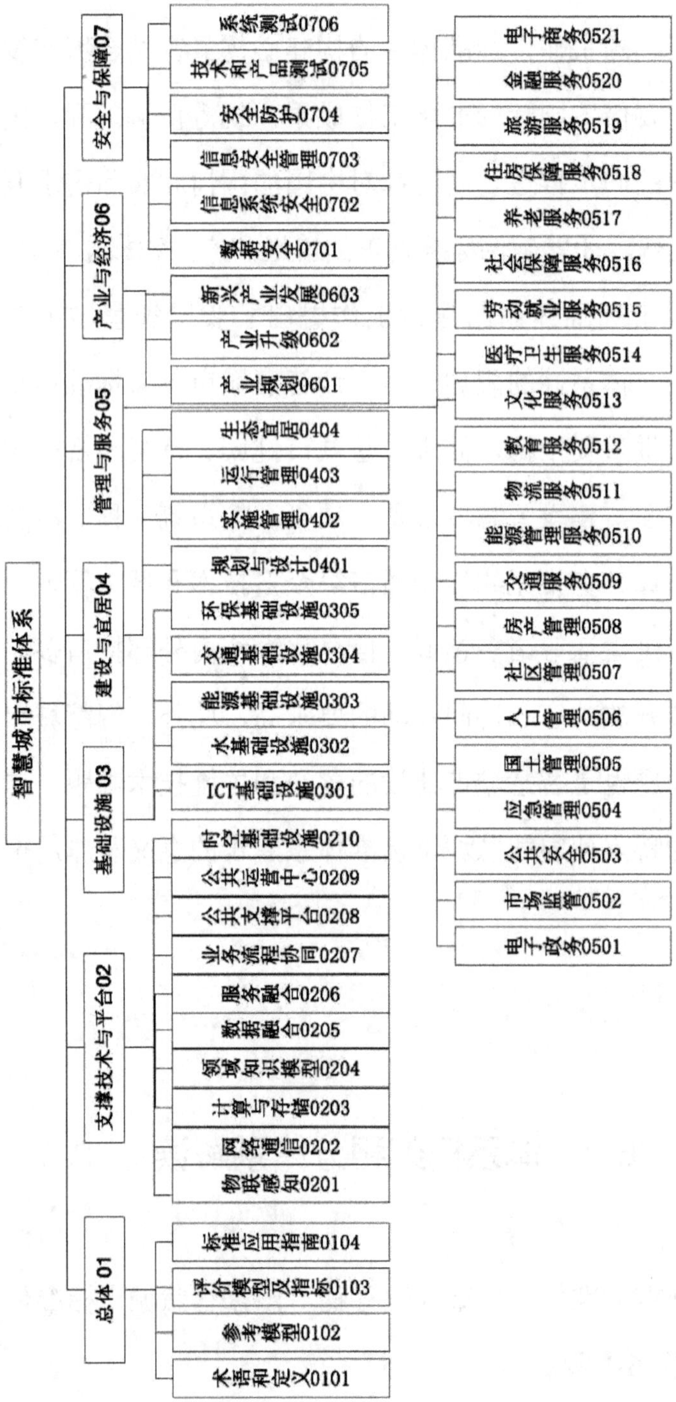

图 6-1 智慧城市标准体系框架（试行稿）

在梳理现有相关标准和研究标准需求的基础上，我国智慧城市标准体系框架初步成型，该框架由七个类别的标准组成，分别为总体、支撑技术与平台、基础设施、建设与宜居、管理与服务、产业与经济、安全与保障（如图 2 所示），明确了我国智慧城市标准化工作的蓝图和顶层设计。

1. 总体标准

智慧城市的总体性、框架性、基础性标准和规范，包括智慧城市术语和定义、智慧城市参考模型、智慧城市评价模型及指标和标准总体应用指南 4 个子类标准。其他六类智慧城市标准规范应遵循智慧城市总体标准。

2. 支撑技术与平台标准

智慧城市建设中所需的关键技术、共性平台及软件的标准规范总称，包括物联感知、网络通信、计算与存储、领域知识模型、数据融合、服务融合、业务流程协同、公共应用支撑平台、公共运营中心、时空基础设施等 10 个子类标准。

其中，数据融合类标准包括智慧城市项目建设中结构化与非结构化的虚拟数据模型、数据汇聚及存储、数据融合与处理、智能挖掘分析 4 个方面的标准，以支撑实现智慧城市的信息汇聚、共享、交换和有效利用。

服务融合类标准包括 SOA 技术、开发服务、服务管理等，与业务流程协同标准共同支撑解决智慧城市建设所需的大量跨部门、跨系统的资源整合和业务协同。

3. 基础设施标准

支撑和确保智慧城市项目建设和运营的基础设施的相关标准和规范，包括智慧城市的 ICT 基础设施、水基础设施、能源基础设施、交通基础设施、环保基础设施等 5 个子类标准。

4. 建设与宜居标准

智慧城市相关建设中的规划设计和宜居体验等方面的标准及规范，包括规划与设计、实施管理、运行管理、生态宜居 4 个子类标准。

5. 管理与服务标准

支撑和确保智慧城市项目建设和运营过程中的监理验收、评估方法以及相关运行保障的标准和规范，包括电子政务、市场监管、公共安全、应急管理、国土管理、人口管理、社区管理、房产管理、交通服务、能源管理服务、物流服务、教育服务、文化服务、医疗卫生服务、劳动就业服务、社会保障服务、养老服务、住房保障服务、旅游服务、金融服务和电子商务等 21 个子类标准。

6．产业与经济标准

针对智慧城市中相关产业规范、升级和发展所涉及的相关标准和规范。包括产业规划、产业升级、新兴产业发展 3 项子类标准。

7．安全与保障标准

智慧城市项目建设中的信息数据安全、关键系统安全及管理等方面的标准及规范，包括数据安全、信息系统安全、信息安全管理、安全防护、技术和产品测试、系统测试 6 个子类标准。

智慧城市标准体系中的各类标准之间并不是孤立的，而是互有联系：其中，总体标准是基础设施、支撑技术与平台、建设与宜居、产业与经济、管理与服务类标准的基础，各类标准都应符合总体标准的要求；安全与保障类标准贯穿基础设施、支撑技术与平台、建设与宜居、产业与经济、管理与服务类标准，对其中的各类标准起到指导作用。

6.3 已立项和发布的相关国家标准

在智慧城市标准体系框架的指导下，我国开展了一系列国家标准研制，立项和发布了一系列基础性的国标标准，这些标准的详细内容如表 6-1 所示。

表 6-1 已立项（含已发布）的智慧城市相关国家标准

<table>
<tr><th>编号</th><th>计划号/标准号</th><th>标准名称</th><th>标准组成部分名称</th><th>标准进展</th></tr>
<tr><td>1</td><td>20151999-T-469</td><td>智慧城市术语</td><td></td><td>标准草案</td></tr>
<tr><td>2</td><td>20130395-T-469</td><td>智慧城市技术参考模型</td><td></td><td>报批稿</td></tr>
<tr><td>3</td><td>GB/T 33356-2016</td><td>新型智慧城市评价指标</td><td></td><td>已发布</td></tr>
<tr><td>4</td><td>20152352-T-469</td><td rowspan="4">智慧城市评价模型及基础评价指标体系</td><td>第 1 部分：总体框架及分项评价指标制定的要求</td><td>报批稿</td></tr>
<tr><td>5</td><td>20130121-T-339</td><td>第 2 部分：信息基础设施</td><td>报批稿</td></tr>
<tr><td>6</td><td>20130390-T-469</td><td>第 3 部分：信息资源</td><td>报批稿</td></tr>
<tr><td>7</td><td>20131090-T-333</td><td>第 4 部分：建设管理</td><td>报批稿</td></tr>
<tr><td>8</td><td>20141229-T-469</td><td>智慧矿山信息系统基础设施通用技术规范</td><td></td><td>报批稿</td></tr>
</table>

续表

编号	计划号/标准号	标准名称	标准组成部分名称	标准进展
9	20151995-T-469	智慧城市数据融合	第 1 部分：数据概念模型及描述规范	标准草案
10	20151994-T-469		第 2 部分：数据编码规范	标准草案
11	20152345-T-339		第 3 部分：数据采集规范	标准草案
12	20152346-T-339		第 4 部分：开放共享要求	标准草案
13	20153676-T-469		第 5 部分：市政基础设施数据元素	标准草案
14	20151993-T-469	智慧城市领域知识模型	第 1 部分：核心概念模型	征求意见稿
15	20130389-T-469	智慧城市 SOA 标准应用指南		征求意见稿
16	20152348-T-339	智慧城市跨系统交互	第 1 部分：总体框架	标准草案
17	20152347-T-339		第 2 部分：技术要求及测试规范	标准草案
18	20152345-T-339		第 3 部分：接口协议要求及测试规范	标准草案
19	20152004-T-469	智慧城市信息与服务公共支撑平台	第 1 部分：总体框架及建设要求	标准草案
20	20151996-T-469		第 2 部分：目录管理与服务要求	标准草案
21	20153400-T-469		第 3 部分：测试要求	标准草案

续表

编号	计划号/标准号	标准名称	标准组成部分名称	标准进展
22	20152351-T-339	智慧城市城市运营中心	第1部分：指挥中心建设框架及要求	标准草案
23	20151998-T-469	智慧城市顶层设计指南		标准草案
24	20152003-T-469	智慧城市软件服务预算管理规范		报批稿
25	20151997-T-469	智慧城市信息系统运维指南		标准草案
26	20161920-T-469	智慧城市智慧医疗	第1部分：框架及总体要求	标准草案
27	20152350-T-339		第2部分：移动健康	征求意见稿
28	20152044-T-333	智慧城市建筑及居住区	综合服务平台通用技术要求	标准草案
29	20161921-T-469	智慧城市多规融合规划设计导则		标准草案
30	20141405-Z-469	智慧城市建设信息安全保障指南		征求意见稿

1.《智慧城市　术语》

（1）标准意义

我国智慧城市的建设如火如荼，但尚未对智慧城市建立统一的认识，也没有成熟的经验可以借鉴。智慧城市涉及的领域众多，每一领域又可延伸出众多子领域，急需建立智慧城市统一的术语标准，统一认识和理解，智慧城市术语是智慧城市标准体系中其他标准制定的基石。目前，国内国外针对智慧城市及其术语的定义均在制定中，一些国际化标准化组织已相继发布了智慧城市本身及相关概念的定义描述，从各个角度给出了智慧城市的定义或描述。我们需要针对国内实际发展情况，从信息通信技术的角度，对智慧城市的边界进行界定，筛选智慧城市中核心关键术语，从统一的角度给出智慧城市及其相关术语定义，从而支持智慧城市顶层规划与具体实施。本标准结合国内智慧城市实践经验，对智慧城市的边界进行界定，筛选智慧城市中核心关键术语，并从统一的角度给出智慧城市及其相关术语定义，可以有效支持智慧城市顶层规划、设计及具体实践。

（2）标准内容

本标准界定了智慧城市领域通用术语及其定义。适用于智慧城市的核心概念理解、国内国际间信息交流和科研教学出版。

（3）工作进展

本标准项目计划号为 20151999-T-469，由中华人民共和国工业和信息化部提出，由全国信息技术标准化技术委员会归口。本标准由中国电子技术标准化研究院牵头，大唐软件技术股份有限公司、北京市闪联信息产业协会、北京北控三兴信息技术有限公司、山东省标准化研究院、北京长风信息技术产业联盟、建设综合勘察研究设计院等单位负责起草。本标准目前已完成草案编制，正在进一步完善。本标准计划于 2017 年 12 月底前完成报批稿，进入报批阶段。

2.《智慧城市 技术参考模型》

（1）标准意义

我国正积极推进智慧城市建设工作。智慧城市试点建设工作得到了国家、省级各部门的高度重视和支持，并取得了积极进展。智慧城市标准体系是引导我国各地智慧城市健康发展的重要手段，是促进信息资源汇聚、共享和开发利用的基础支撑，是推进我国云计算、物联网、大数据等智能技术规模化应用的必要条件，也是我国智慧城市试点示范工作的重要内容和保障。

智慧城市是一个跨系统交互的巨系统，是“系统的系统”，其标准体系建设工作具有较高的综合复杂性。智慧城市技术参考模型是智慧城市标准体系的重要组成部分。通过从不同视角构建智慧城市的技术参考模型，系统化地实现了对智慧城市的抽象概念描述和技术体系描述，有利于为我国智慧城市试点的规划、建设与管理工作提供技术支撑，同时有利于统筹指导我国智慧城市标准体系的规划与建设工作。

（2）标准内容

本标准规定了智慧城市的概念模型，ICT 视角的业务框架、ICT 视角的知识管理参考模型和 ICT 视角的技术参考模型，以及基本技术原则和要求。本标准适用于智慧城市信息通信技术的整体规划、具体项目建设及建设效果的评估。本标准的主体内容包括智慧城市概念模型，并分别从三个应用视角提出智慧城市 ICT 视角下的业务框架、知识管理参考模型、技术参考模型；智慧城市建设的技术原则及要求，包括物联感知层、网络通信层、计算与存储层、数据与服务融合层、智慧应用层、安全保障体系、运维管理体系、建设管理体系 8 个方面的要求。

（3）工作进展

本标准项目计划号为 20130395-T-469，由全国信息技术标准化技术委员会归口并提出。该标准由中国电子技术标准化研究院、智慧神州（北京）科技有限公司、北京东方通科技股份有限公司、闪联信息技术工程中心有限公司、山东省标准化研究院、北京大学、中国电子科技集团第 28 研究所、华为技术有限公司、北京航空航天大学、北京智城信服科技有限公司等单位负责起草。本标准是智慧城市领域首批立项的国家标准，目前已完成征求意见稿，正在征求意见阶段。该标准的理论方法和主体内容中通过国际标准立项的工作将逐步转化为国际标准成果。同时，在中英标准化合作工作组的中英繁荣基金项目中，本标准是重点工作之一，形成了《智慧城市参考框架中英标准化研究报告》。本标准目前已完成报批。

3.《新型智慧城市评价指标》

（1）标准意义

根据《关于促进智慧城市健康发展的指导意见》（发改高技〔2015〕1770 号）的要求，及部际协调工作组提出的《促进智慧城市健康发展 2016-2018 年工作分工》的部署以及第一次 25 个部门新型智慧城市部长会议的要求，国家标准委会同国家发展改革委、中央网信办，负责统筹推进国家智慧城市标准体系与评价体系工作。受国家标准委委托，总体组按照新型智慧城市的建设和发展理念，以加强体制机制创新和城市资源整合，构建无处不在的惠民服务体系和透明高效的政府治理体系为目标，组织有关标准化技术委员会、标准研究机构、城市管理者、城市专家、企业在 36 项智慧城市评价指标的基础上，遴选出 21 项评价指标，54 个指标分项，作为现阶段新型智慧城市建设的评价指标，以新型智慧城市指标为基础，制定该国家标准项目。本标准的制定对国家组织开展新型智慧城市评价工作具有重要的技术支撑作用。

新型智慧城市的概念内涵必将随着技术和应用的创新而不断发展，其建设过程是分阶段逐步发展、不断完善的，不可能一蹴而就。因此，国家标准《新型智慧城市评价指标》将根据新型智慧城市建设的不同阶段，以当前阶段的建设重点、应用要求和实际成效为评价要素，坚持以人为本、成效引导、客观规范、成熟可测、注重时效的原则，进行定期的动态更新，以期通过评价揭示各地当前新型智慧城市建设中的短板弱项、树立新型智慧城市建设标杆并发挥引领作用，提高对新型智慧城市的理解和认知水平，引导新型智慧城市始终向着正确、健康、可持续方向发展。

（2）标准内容

本标准规定了新型智慧城市评价指标的基本构成、指标说明、计算方法和权重设定，适用于直辖市、计划单列市、地级及以上城市新型智慧城市建设和发展的评价。本指标共包含 8 项一级指标，21 项二级指标，54 项二级指标分项。客观指标包括 7 项一级指标，重点对城市发展现状、发展空间、发展特色进行评价。其中，惠民服务、精准治理、生态宜居 3 个成效类指标，旨在客观反映智慧城市建设实效；智能设施、信息资源、网络安全、改革创新 4 个引导性指标，旨在发现极具发展潜力的城市。

（3）工作进展

本标准项目计划号为 20152353-T-469，目前已编制完成并于 2016 年正式发布，标准号为 GB/T 33356-2016。本标准由中国电子技术标准化研究院、中国信息通信研究院、山东省标准化研究院、中国城市科学研究会、北京航空航天大学、住房和城乡建设部信息中心、国家信息中心、中国电子科技集团公司、华为技术有限公司、北京世纪互联宽带数据中心有限公司、浙江省标准化研究院、交通运输部科学研究院、深圳市腾讯计算机系统有限公司、清华大学负责起草。

4.《智慧城市评价模型及基础评价指标体系 第 1 部分：总体框架及分项评价指标制定的要求》

（1）标准意义

智慧城市标准体系和评价指标体系是引导我国各地智慧城市健康发展的重要手段，是促进信息资源汇聚、共享和开发利用的基础支撑，是推进我国云计算、物联网、大数据等智能技术规模化应用的必要条件，也是我国新型城镇化建设的重要内容和保障。根据《关于促进智慧城市健康发展的指导意见》（发改高技〔2014〕1770 号）的要求，及促进智慧城市健康发展部际协调工作组的工作部署，为适应智慧城市国内、国际快速发展，急需在国家层面提出智慧城市评价指标体系总体框架及分项评价指标制定总体要求，为智慧城市整体及分领域具体评价指标的制定提供统一依据和参考。在二十多个部委形成的“促进智慧城市健康发展部际协调工作组”指导下，由总体组组织专家和行业代表共同研究制定本标准，明确了我国智慧城市评价的工作总则、总体框架和分项制定要求，为指导和推进我国智慧城市评价指标体系构建及具体评价工作的开展提供了统一的依据和指导。

为有效支撑国家新型智慧城市评价工作，在总体框架和分项制定要求的指导下，总体组组织专家制定了适用于新型智慧城市整体评价工作的指标体系，目前该指标体系已发布为国家标准 GB/T 33356-2016《新型智慧城市评价指标》。该标准是对总体框架和分项制定要求的应用与验证，但是该指标选取了较为核心、适用于 2016 年新型智慧城市评价工作的指标，但不够全面，对于后续整体评价指标、分领域指标的完善和制定指导价值有限。后续，基于新的需求和存在问题，新型智慧城市评价指标每年度都将进行更新与完善。

在充分调研基础上，结合智慧城市评价实际需求，将智慧城市评价指标体系总体框架和分项制定要求固化为国家标准，对于指导智慧城市整体评价指标、分领域评价指标的制定具有重要指导意义。

（2）标准内容

本标准规定了智慧城市评价指标体系的总体框架、一级指标、二级指标评价要素及分项设立原则、设立要求及分项编写格式要求。本标准规定了包含 9 个一级指标、37 个二级指标评价要素的指标体系，适用于智慧城市整体评价指标和分项评价指标的制定，也适用于智慧城市整体和相关建设项目的规划与评价工作。本标准是评估智慧城市建设现实水平、指导智慧城市未来规划的依据。

（3）工作进展

本标准项目计划号为 20152352-T-469，由中华人民共和国工业和信息化部提出，由全国信息技术标准化技术委员会归口。该标准由中国电子技术标准化研究院、北京航空航天大学、中国信息通信研究院、中城智慧（北京）城市规划设计研究院有限公司、山东省标准化研究院、智慧神州（北京）科技有限公司、光载无限网络科技（北京）有限公司、北京东方通科技股份有限公司、闪联信息技术工程中心有限公司、北京智城信服科技有限公司、住房和城乡建设部 IC 卡应用服务中心等单位负责起草。本标准目前已经形成报批稿，正在报批阶段。

5.《智慧城市评价模型及基础评价指标体系 第 2 部分：信息基础设施》

（1）标准意义：

信息基础设施是支撑智慧城市发展的重要基础。近年来，各地纷纷加大投入，加快信息基础设施的演进升级：一是推进城市光纤宽带网络发展，加大光纤化成片改造力度，推动光纤到楼入户，大力推进学校、政府机构、医疗卫生机构、科技园区、商务楼宇、宾馆酒店等公共机构和商务类场所的光纤宽带接入。开展宽带乡村工程，推动农村宽带入乡进村。二是积极发展新一代移动宽带网络建设，推进 4G 网络的深度覆盖，鼓励用户向 4G 网络迁移，提升移动宽带速率。加强城市热点地区和场所的WLAN覆盖，为市民创造便捷高速的无线上网环境。三是开展下一代广播电视宽带网建设，全面推进“三网融合”。四是加强应用基础设施建设，促进绿色云计算数据中心发展，推动大数据在各领域的深度应用。本标准围绕信息基础设施评价关键指标进行研究，对客观评价城市信息基础设施发展情况和应用成效具有重要作用。

（2）标准内容

本标准在智慧城市评价指标体系总体框架下，规定了用于评价城市信息基础设施的七个二级指标，分别如下。

① 智能计量表覆盖率。

用于评价城市中具有远程读表和远程计费支付等能力的智能水/电/气计量表的覆盖情况。

② 固定宽带家庭普及率。

用于评价城市中固定宽带接入和使用的普及情况。

③ 光纤到户网络覆盖率。

用于评价城市中光纤到户（FTTH）网络的覆盖情况。

④ 光纤到户用户渗透率。

用于评价城市中光纤到户（FTTH）网络的实际使用情况。

⑤ 移动宽带网络覆盖率。

用于评价城市中移动宽带网络的覆盖情况。

⑥ 移动宽带用户普及率。

用于评价城市中移动宽带网络的实际使用情况。

⑦ 有线电视双向网络用户渗透率。

用于评价城市中有线电视双向网络的实际使用情况。

（3）工作进展

本标准由全国通信标准化技术委员会提出并归口，由中国信息通信研究院、华为技术有限公司等单位制定，目前该标准已完成征求意见稿和送审稿的审查，进入报批阶段。

6.《智慧城市评价模型及基础评价指标体系 第3部分：信息资源》

（1）标准意义

当前，智慧城市建设已然成为我国解决城市发展难题、实现城市可持续发展的重要途径之一。我国正积极推进智慧城市建设工作。智慧城市试点建设工作得到了国家、省级各部门的高度重视和支持，并取得了积极进展。智慧城市标准体系和评价指标体系是引导我国各地智慧城市健康发展的重要手段，也是我国智慧城市试点示范工作的重要内容和保障。为适应智慧城市国内、国际快速发展，标准化的智慧城市评价模型及基础评价指标体系已成为规范、引导我国当前智慧城市建设发展的一项重要工作。

2015年10月，国家标准委、中央网信办、国家发展改革委联合发布了《关于开展智慧城市标准体系和评价指标体系建设及应用实施的指导意见》，同时发布了《智慧城市评价指标体系总体框架（试行稿）》和《智慧城市评价指标体系分项制定的总体要求（试行稿）》，为我国智慧城市评价指标体系具体指标和分领域指标的研究提供了顶层指导和参考，具有重要的指导意义。目前，结合智慧城市评价实际需求，智慧城市评价指标体系总体框架和分项制定要求国家标准也在制定中。该标准与本标准为系列标准，标准题目为《智慧城市评价模型及基础评价指标体系第 1 部分：总体框架及分项评价指标制定的要求》。

为有效支撑国家新型智慧城市评价工作，在总体框架和分项制定要求的指导下，总体组组织专家制定了适用于新型智慧城市整体评价工作的指标体系，目前该指标体系已发布为国家标准 GB/T 33356-2016《新型智慧城市评价指标》。该标准是对总体框架和分项指标制定要求的应用与验证，但是该指标选取了较为核心、适用于 2016 年新型智慧城市评价工作的指标，但不够全面，对于后续整体评价指标、分领域指标的完善和制定缺少一定的指导价值。后续，基于新的需求和存在问题，新型智慧城市评价指标每年度都将进行更新与完善。

信息资源是智慧城市评价指标体系总体框架中的一级指标之一，也是 GB/T 33356-2016《新型智慧城市评价指标》中的一级指标之一。在《智慧城市评价模型及基础评价指标体系第 1

部分：总体框架及分项评价指标制定的要求》的指导下，制定本部分标准，研究分析用于评价城市信息资源开放、共享、开发利用和网络安全等方面综合成效的指标项及计算方法，可以为智慧城市信息资源这个领域相关评价指标的制定提供重要指导和参考，也用于评价智慧城市信息资源相关建设与利用水平及存在问题，也为政府制定信息化发展战略、经济社会发展规划以及制定相关政策提供参考。

（2）标准内容

本标准规定了智慧城市信息资源的评价指标。本标准适用于智慧城市整体规划及信息资源项目规划、建设与评价，是评估智慧城市信息资源应用与服务水平的主要依据。信息资源评价指标对应 3 个二级指标评价要素，共包含 13 个二级指标，其中包括核心指标 5 个，扩展指标 8 个。本标准对 13 个二级指标的内涵、量化方法等内容分别做出了简要说明。

（3）标准工作的进展

本标准项目计划号为 20130390-T-469，由全国信息技术标准化技术委员会提出并归口。该标准由浙江省标准化研究院、中国电子技术标准化研究院、北京航空航天大学、中国信息通信研究院、智慧神州（北京）科技有限公司、中国电子科技集团公司第 28 研究所、工业和信息化部电子第五研究所、中国软件与技术服务股份有限公司、华数数字电视传媒集团有限公司、北京汇金科技股份有限公司、北京智城信服科技有限公司、住房和城乡建设部 IC 卡应用服务中心等单位负责起草。本标准目前已完成报批。本标准是智慧城市领域首批立项的国家标准，目前已经形成报批稿，正在报批阶段。

7.《智慧城市评价模型及基础评价指标体系 第 4 部分：建设管理》

（1）标准意义

本标准在智慧城市评价模型及基础评价指标体系的基础上，侧重于对城市发展中的规划、建设、管理方面进行评价，结合大数据、云计算、物联网等先进信息技术与城市管理运营理念，致力于提高城市基础设施的协同化、智慧化，提供城市生活的舒适度。评价对象及范围涉及智慧城市的规划和管理、城市基础设施的智能化提升等。规划和管理评价对智慧城市能否正常、高效运转起着至关重要的作用；智能基础设施评价由绿色智能建筑、智慧工程管理等构成，是智慧城市的有力支撑；生态宜居评价由资源环境、可再生能源的要求构成，是智慧城市发展的重要方向。

（2）标准内容

本标准规定了智慧城市规划建设管理领域的评价指标体系。适用于智慧城市规划建设管理领域的评价，核心的指标及解读包括以下内容。

① 机制保障。

多规合一信息化平台业务集成度指多规合一信息化平台对城镇规划、土地利用规划、产业发展布局规划等一系列规划业务的服务集成度；规划数据中心业务支撑度指已用规划数据中心进行规划的业务数占城市所有需用该数据中心进行规划的业务总数的百分比。

② 基础设施。

绿色智能建筑占新建建筑比重指绿色智能建筑的总面积占城市新建建筑总面积的百分比；建筑运行能耗率指建筑正常运行的情况下，运行能耗总量占所有能耗的比例；建筑智慧化设计利用率指利用智慧化技术进行建筑设计在所有建筑设计中占的比例；智慧工程管理普及率指利用数字化手段和智慧化技术实施工程管理在城市建设工程管理中所占的比例；燃气管网智能监控系统覆盖率指燃气管网智能监控系统覆盖到的居民户数占城市所有居民户数的百分比。

③ 社会管理。

智慧城市审计监督管理办法执行频率指根据智慧城市审计监督管理办法，在规定时间内（如每 6 个月或 12 个月）执行审计监督的次数；城市市政综合监管信息系统网格化覆盖率指城市市政综合监管信息系统中实现网格化监管的城市面积占城市总面积的比例。

④ 生态宜居。

环境质量智慧化监控覆盖率指通过信息、通信、物联网和互联网等技术手段对城市环境实现智慧化实时监控的面积（体积），占全部需要监控的城市面积（体积）的百分比；可再生能源生产总量比重指风能、太阳能、潮汐能、地热能等可再生能源的生产量占总能源生产量的比例；智慧社区惠及人口百分比指智慧社区建设覆盖到的社区人口总数占城市总人口的百分比。

（3）工作进展

本标准目前已完成报批，标准主要参与单位包括：住房和城乡建设部 IC 卡应用服务中心、上海益邦智能技术股份有限公司、北京清华同衡规划设计研究院有限公司、深圳市华旭科技开发有限公司、四川精工伟达智能技术股份有限公司、智慧城市系统服务（中国）有限公司、中外建设信息有限责任公司、北京亿速码数据处理有限责任公司、北京建筑技术发展有限责任公司、北京决策咨询中心、上海浦江智能卡系统有限公司、深圳市赛为智能股份有限公司、广东省建筑科学研究院、北京中科软件有限公司、同济大学、上海复旦微电子集团股份有限公司、中国电子技术标准化研究院、工信部电信研究院、浙江省标准化研究院、北京航空航天大学。

8.《智慧矿山信息系统基础设施通用技术规范》

（1）标准意义

随着智慧城市建设的不断深化，以及“互联网+”和大数据的深入应用，采矿行业的两化深度融合也进入了一个新的发展高度，智慧矿山在数字矿山之后如雨后春笋涌现出来。智慧矿山是采矿技术、信息技术、通信技术、自动控制技术、3S（GIS，GPS，RS）技术、物联网技术、大数据技术、云计算技术和软件技术的总集成。智慧矿山为打造高产高效的本质安全型矿井提供信息保障，智慧矿山能够实现矿山生产管理的精细化、自动化、智能化和无人化。智慧矿山已经成为现代采矿企业安全、高效、低耗和绿色开采的必由之路。作为采矿大国，我国 70%的能源和工业原料来源于矿产资源的开发和利用，浅层资源趋于枯竭，采矿深度不断增加，开采环境越发恶劣；安全隐患及安全事故对人员造成严重的生命威胁，传统的采矿方法在安全和效率方面都不能适应新形势的需要，矿山数字化，特别是智慧矿山建设已成为现代采矿企业的必然选择，很多大型矿山都在实施智慧矿山建设，急需把智慧矿山建设和管理内容规范化。

虽然世界各采矿大国以及我国大型矿井目前的智慧矿山建设如火如荼，各主管部门、行业协会和产业创新联盟都想编制一个智慧矿山技术标准，但由于智慧矿山涉及的专业众多、系统庞大，至今除了《智慧矿山建设规范》地方标准在山东省进行了有效实施外，还没有其他相关标准出台，严重制约了我国智慧矿山建设的进度和评价。因此，编制并发行一套智慧矿山技术规范和评价标准，是规范智慧矿山建设的必要手段，形成全国性的智慧矿山国家规范用于指导全国的智慧矿山建设，对提升采矿行业的核心竞争力具有重大意义。

（2）标准内容

本标准规定的主要内容包括搭建完整的基础网络、矿山数据仓库、物联网和虚拟化等基础设施平台，配置先进的自动建模与可视化、四维地理信息系统、大数据分析、私有云和公有云计算服务软件平台和功能齐全的监测监控和工业自动化系统、故障诊断和灾害预警系统、调度指挥和应急救援系统、地质保障和生产技术管理系统、灾害防治和本安保障系统、矿山 ERP 和经营决策系统等通用技术规范。本标准适用于智慧矿山整体规划及项目建设的评价，是评估智慧矿山信息系统基础设施建设现实水平、指导智慧矿山未来规划的依据。

（3）标准工作的进展

本标准项目计划号为 20141229-T-469，由全国信息技术标准化技术委员会提出并归口。该标准由山东蓝光软件有限公司、山东科技大学、中煤能源集团有限公司、山东煤炭局、山东省煤田地质局、山东能源集团有限公司、兖州矿业集团有限公司、山东招金集团有限公司等单位负责起草。本标准目前已经形成报批稿，正在报批阶段。

9.《智慧城市 数据融合 第 1 部分：数据融合概念模型及描述规范》

（1）标准意义

近年来，智慧城市已经成为全球城市发展关注的热点。目前我国“智慧城市”建设已进入快速发展阶段。智慧城市建设涉及智慧产业体系、应用服务体系、安全保障体系和运营管理体系等多方面的内容。

数据是提供城市智慧的基础，通过对城市范围内各类数据的汇总、存储与分析，可提升城市级的资源监控和服务能力。智慧城市数据来源具有多样性，包括：城市基础数据资源、应用领域数据资源、互联网数据资源、应用领域数据、共享交互数据和各行业相关数据等。需要制定统一的数据模型，规范数据的格式与表述，屏蔽数据来源差异，对上层的数据处理、挖掘、分析及应用提供统一规范接口。

数据融合技术主要是指整合表示同一个现实世界对象的多个数据源和知识描述，形成统一的、准确的、有用的描述的过程。具体地说，数据融合就是一种将来自于多信息源的数据及信息进行联合、关联及组合的数据处理技术。在该标准中，数据融合更多地指在智慧城市的场景下，将来源于不同的城市系统的数据进行组合，通过同时对不同来源的数据进行分析，来获得对整个城市的多个角度的刻画，呈现全方位的城市印象。此外，有些便民服务也需要参考来自不同部门的数据，这也是数据融合的应用场景。

（2）标准内容

本部分主要技术内容如下。

① 范围。

本部分规定了智慧城市数据融合中数据描述、组织、互联和服务的整体概念模型，并给出了抽象化描述。本部分适用于智慧城市数据融合的建设、应用和管理等各个方面。

② 缩略语。

包括 Json JavaScript 对象表示法（JavaScript Object Notation），XML 可扩展标记语言（Extensible Markup Language），和 IoD 数联网（Internet of Data）。

③ 模型概览。

数据融合概念模型主要分为数据描述、数据组织、数据互联、数据服务四个模块。其中数据描述对实体和关系进行抽象和表述，数据组织依赖分类系统对数据进行分类，为数据服务提供基础，数据互联提供词汇表，融合不同数据源数据，数据服务对结构化和非结构化数据进行信息提取，对外提供服务。

④数据描述。

数据描述模块通过对数据进行统一的描述，以实现各项任务的关键型功能，如数据发现、重用、协 调、共享和交换，以及在跨部门行为中快速协调和清晰沟通的功能。描述需符合数据概念模型的基本定义，但对于不同领域的数据具体描述可以不同。其主要组成部分为数据模式和数据源，数据模式定义了数据的属性和结构，数据源定义了数据存在的格式和管理的方式。其中数据资产是数据模式和数据源的结合概念，它即是数据存在和管理的实体，也具有数据的结构，它是其他三个模块的基本操作对象。该模块中的关系与数据整合中的关系需保持一致，便于数据整合中对数据进行分类。

⑤数据组织。

数据组织模块主要提供数据资产、数据源、查询接口和对数据交换包进行分类的功能，分类器定义与结构化数据描述定义方法相同。其中数据资产和数据源来自数据描述模块，是对数据结构和实体的统一表示，主要根据其所包含的实体进行分类；查询接口和数据交换包来自数据共享，查询接口的分类是根据其所属数据资产进行的，数据交换包的分类是基于其包含的实体进行的。

⑥数据互联。

数据互联模块的目的是为上层模块提供数据处理的功能，涉及结构化数据、半结构化数据的抽取、转换和加载，非结构化数据的自动/半自动的识别、提取、标注等数字化手段。该模块为数据分析提供了基本工具。

⑦数据服务。

数据服务模块在数据组织和数据互联的基础上，对外部请求者提供数据服务。该模块首先利用数据互联提供的物联网获取有效数据，然后根据数据组织的分类结果，对各种数据进行整合和分析，最后将分析结果回灌数据资产中，形成迭代分析。模块中的数据资产、数据源、数据交换包和查询接口都是其他三个模块的组成部分。该模块是数据融合的终极目标。

（3）工作进展

本标准由北京航空航天大学牵头，神州数码公司、电子四院、深圳华傲数据、北京东方通、上海软件中心、上海交通大学、大唐电信集团，以及中兴通信公司等单位参与制定。预计 2017 年 6 月份将完成报批稿。

10.《智慧城市 数据融合 第 2 部分：数据编码规范》

（1）标准意义

编码是信息从一种形式或格式转换为另一种形式的过程。数据编码是计算机处理的关键。由于计算机要处理的数据信息十分庞杂，有些数据库所代表的含义又使人难以记忆。为了便于使用，容易记忆，常常要对加工处理的对象进行编码，即用一个编码符号代表一条信息或一串数据。对数据进行编码在计算机的管理中非常重要，可以方便地进行信息分类、校核、合计、检索等操作。人们可以利用编码来识别每一个记录，区别处理方法，进行分类和校核，从而克服项目参差不齐的缺点，节省存储空间，提高处理速度。

在智慧城市数据融合过程中涉及数据的汇交、分发、服务和应用等多个环节，也涉及数据的采集、加工和处理环节。在这一系列环节中，常见的工作内容之一是用数据的编码的形式确立对某种类别的数据赋予特定代码，以达到对该种数据类别在语义上的无歧义理解。数据编码的好坏，将直接影响数据组织、生产、交换和信息共享的效率和质量，严重时还会导致重复的投入和建设，另外，数据编码结果被不同的信息系统或应用系统所共享，就必须在各相关方之间建立大家一致认可的相关标准或规范，否则会导致大量的转换工作甚至无法实现共享。为此，采用何种原则和方法开展数据编码标准化工作，可有效规避风险，提高数据组织和生产的效率和质量，达到共享目标，是智慧城市数据融合面临的重要任务之一。

新一代信息通信技术在城市经济和社会建设领域的应用，需要能够发挥感知、应用、协同、整合等信息系统数据融合的建设。智慧城市的智慧来源于信息的分析与挖掘，在建立良好的数据融合的机制的基础上，针对智慧城市相关信息数据的编码就显得尤为重要，标准的数据编码能够有效地提高数据分析处理的效率，同时也能使得信息数据便于管理。《智慧城市 数据融合 第 3 部分：数据编码规范》确立面向智慧城市数据融合中数据编码的基本原则与方法，指导和规范各建设单位研究和制定适用的数据编码规则。

（2）标准内容

本部分主要技术内容如下。

① 范围。

规定了智慧城市数据的编码基本原则、代码设计、编码结构与编码管理等。本部分适用于智慧城市数据的编目、注册、发布、查询、维护和管理。

② 规范性引用文件。

标准编制过程中，注重积极采用国家和国外先进标准，本部分引用的标准包括：GB/T 1988-1998《信息技术 信息交换用七位编码字符集》、GB/T 10113-2003《分类与编码通用术语》、

GB/T 16262.1-2006《信息技术 抽象语法记忆法一（ASN.1）第1部分：基本记忆法规范（ISO/IEC 8824-1:2002,IDT）》和GB/T 26231-2010《信息技术 开放系统互连 OID的国家编号体系和注册规程》。

③ 术语和定义。

本章节规范了编码、代码、代码结构、客体标识符等术语和定义。编码：给事物或概念赋予代码的过程。代码：表示特定事物或概念的一个或一组字符。代码结构：代码字符排列的逻辑顺序。客体标识符：与无歧义地标识它的客体相关的全局唯一值。

④ 缩略语。

OID 对象（客体）标识符（Object Identifier）

⑤ 编码方法。

给出了编码的整体结构、前段码的组成、后段码的代码设计原则、编码方式等。整体结构建议采用前段码和后段码组合的方式，前段码和后段码之间使用适宜的符号进行间隔。前段码应至少包含数据来源部门、数据来源系统等信息，前段码建议采用OID形式。后段码应尽可能依据现有标准，使用现行代码；如有需要，可由业务单位自行编制，自行编制应有稳定的编码规则。后段码代码设计应遵循：唯一性、稳定性、可扩充性、简洁性、可操作性等原则。

⑥ 编码分配与管理。

提出了前段码的管理和分配、后段码的管理以及整体编码的版本管理。前段码应由专门的信息资源前段码管理中心统一管理和分配。后段码由拥有前段码的目录管理者或各级部门自行管理和分配，应保证在本部门范围内的唯一性。

⑦ 资料性附录。

按照标准主体给出的编码方式，以具体事例给出编码的实际实施案例。

（3）工作进展

本标准由北京航空航天大学、深圳市华傲数据技术有限公司牵头，神州数码公司、电子四院、北京东方通、上海软件中心、上海交通大学、大唐电信集团，以及中兴通信公司等单位参与制定。预计 2017 年 6 月份将完成报批稿。

11.《智慧城市 数据融合 第 3 部分：数据采集规范》

（1）标准意义

智慧城市的“智慧”建立在良好的数据融合机制基础上。城市发展过程中，产生和积累了大量的数据，这些数据具有不同的来源、内容、结构、数据量、介质等。通过对各类数据的采集、汇总及挖掘分析等，推动数据深层次融合，可以提升城市资源监控、服务范围和能力。各应用领域通过数据融合，产生集成应用、服务和产品，提升管理和服务水平。

但是，在智慧城市相关数据融合实践过程中，普遍存在重复劳动、融合力度不足及成效不明显等问题。通过制定数据融合相关基础性系列标准，有助于解决智慧城市各应用领域数据间的互操作难题。通过对数据采集、处理、存储、挖掘利用等全过程提供统一的、规范化指导，既可以规范各应用领域的数据编码及建模，增强数据可重复利用性，避免重复劳动，又可以有效确保数据质量及安全，以保证数据融合水平。

数据采集是数据融合的源头，是确保数据融合水平的关键性、基础性步骤，只有在数据采集过程中掌握全面、规范、高质量、安全的数据，才能进一步开展好数据融合工作。通过制定本部分标准，针对典型数据融合系统，明确数据采集的内容、技术、方法和流程，并明确采集数据过程中的质量和安全控制要求，有助于为各应用系统提供具有较高质量、安全性、可用性及可重复性利用的数据，支撑数据融合操作，推动更多跨系统的互操作，实现更多集成的智慧化应用。

（2）标准内容

本部分选取智慧城市领域的典型数据融合平台，规定数据采集的内容、数据采集技术及方法、数据采集流程、数据质量控制及安全控制要求。本部分适用于智慧城市各个应用系统的规划设计、建设及管理，其他领域的数据采集也可参考使用。

首先，从技术层面描述数据融合的内涵；从使用价值层面描述数据融合的主要功能及目标。其次，针对典型的数据融合平台规定以下技术内容。

① 数据采集内容。

明确采集的数据类型及属性；对各种潜在数据源进行分类。

② 数据采集技术和方法。

对较为成熟的采集技术、设备及方法进行描述。

③ 数据采集流程。

明确数据采集通用的、典型的流程，并明确各个流程的产出物；

④ 数据质量控制。

明确数据采集质量要求、指标等内容，并明确质量控制机制。

⑤ 数据安全控制。

确定关键性安全要求及指标，并给出安全控制机制。

（3）工作进展

本标准牵头单位是中国城市科学研究会，主要参编单位包括中城智慧（北京）城市规划设计研究院有限公司、山东省标准化研究院、大唐软件技术股份有限公司、浪潮集团有限公司、泰华智慧产业集团股份有限公司、国家信息安全工程技术研究中心、华为技术有限公司、大连莱力柏信息技术股份有限公司、中城智慧科技有限公司。计划完成报批稿的时间为 2017 年 12 月。

12.《智慧城市 数据融合 第4部分：开放共享要求》

（1）标准意义

智慧城市发展关键是跨系统的互联协作和共享，这对我国整个信息化建设和数据开发利用具有重要的意义，也是各地智慧城市建设的关键点和目标。通过制定此标准，目的在于推动智慧城市建设中各行业间的深层次融合，打破行业壁垒，促进信息的跨行业、跨领域流动，解决智慧城市建设中的信息孤岛问题，提出各行业信息共享原则，制定信息开放共享中的技术标准，为我国智慧城市建设提供指导，以推动我国信息化水平进一步提升。

在智慧城市建设中，需要将各行业数据进行融合和共享，并汇总到指挥监控中心。由于缺乏统筹规划，各部门、各行业之间的条块分割情况较为普遍，导致系统间无法进行顺畅的信息交流，信息难以共享，甚至出现信息孤岛问题。为了进一步推动智慧城市发展，破除行业壁垒，解决信息孤岛问题，实现城市内、城市间各行业的深度融合、建设高度智能的智慧城市目标，我国急需一套完整的具有指导意义的智慧城市数据融合标准。

（2）标准内容

本标准规定了智慧城市数据开放共享的业务需求、技术要求以及安全保障能力。

（3）工作进展

本标准由全国通信标准化技术委员会提出并归口，由中国信息通信研究院、华为技术有限公司等单位制定，目前该标准已形成草案，计划在 2017 年完成报批。

13.《智慧城市 数据融合 第 5 部分：市政设施基础数据元》

（1）标准意义

许多城市管理者充分认识到迫切需要采用现代化的手段和技术，有效、准确地管理市政设施的基础信息，实现数据的共享、共用，为规划、建设、管理与服务提供可靠依据，真正实现对市政设施的智慧化管控，保障城市的公共安全，提高城市服务水平和管理质量。市政管理的智慧化面临着难以实现信息共享的难题。要实现信息的共享，数据的标准化十分关键，而数据标准化的一个重要环节就是数据元的标准化。市政管理相关的各个信息系统每天都会产生大量的各类数据，要保证这些系统之间能畅通地连接和交换数据，避免信息孤岛，就需要对数据从源头上进行规范。

市政设施基础数据元是反映市政设施不可再分的数据单元，是实现信息共享的基础性标准。制定基础数据元标准，使相关系统处理和运行中的每个数据项保持规范和统一，保证这些数据从产生的源头就具备一致性，以顺利实现信息交换与共享。因此，通过制定本标准可以有效实现市政设施不同管理部门之间、不同系统之间数据的共享，实现信息整合与业务协同，提升市政公共服务管理水平和服务质量。同时，通过本标准，可以为国家城市信息化建设中数据元标准化工作建立基础，完善城市信息化标准体系规范，对全面推进城市智慧化进程具有重要作用。

（2）标准内容

本标准规定了城市市政设施的基础数据元，适用于国家及各省市市政设施管理部门间信息的采集、交换与处理，为建立相关数据库和信息系统提供规范化指导。同时，其他部门使用市政设施相关信息时也可参照本标准。

本标准的主要技术内容如下。

① 数据元值的类型描述格式。

主要规定了数据元值类型长度的表示格式。

② 内部标识符的编码规则。

参考 GB/T 28590-2012《城市地下空间设施分类与代码》，编码采用层次码结构，由 3 层共 6 位阿拉伯数字组成。其中，第一层为“功能代码”，用于标识市政设施的主要功能；第二层为“主特征代码”，用于标识“设施功能”的最主要特征；第三层为“实体类代码”，用于标识市政设施某种设施功能相对应的设施实体类。

③ 市政设施基础数据元集。

针对市政设施的公共数据元及其每个类别相关的基础数据元作出规定，此部分内容包括：公共数据元、道路设施数据元、桥梁设施数据元、照明设施数据元、供水设施数据元、排水设施数据元、燃气设施数据元、热力设施数据元、防汛设施数据元、城市生活垃圾处理设施数据元、城市公共交通设施数据元、城市公共娱乐设施数据元、城市地下综合管廊设施数据元等。

④索引。

包括内部标识符索引、中文名称索引两个部分。

（3）工作进展

关于数据元标准的研究，一直都是国内外标准化组织的研究热点。我国已发布的数据元相关标准资源丰富，为本标准研究提供了良好的参考价值和工作基础。我国在市政领域的数据元国家标准、行业标准仍属空白。关于城市市政综合监管信息系统的 9 项现行城建行业标准主要侧重于系统建设相关的技术要求，也没有相关数据元标准。随着我国智慧城市的建设与发展，对市政设施管理的信息化、智慧化需求日益提升，对市政设施基础数据元进行规范的需求也日益迫切。部分省市对市政设施数据标准的研究成果和经验可以为本标准提供了重要的内容参考，比如山东省关于市政设施的数据标准研究成果，包括山东省工程建设标准 DB37/T 5002-2013《市政公用设施分类与编码规范》、DB37/T 5003-2013《市政公用设施普查数据规范》及 DB37/T 2334-2013《市政公用设施基础数据元》等。

本标准牵头单位是山东省标准化研究院，主要参编单位包括济南市市政公用事业局、泰华智慧产业集团股份有限公司、中城智慧（北京）城市规划设计研究院有限公司等。计划完成报批稿的时间为 2017 年 12 月。

14.《智慧城市 领域知识模型 第 1 部分：核心概念模型》

（1）标准意义

智慧城市建设需要统一完善的领域知识模型，定义统一的概念和术语体系，用于支撑城市中多源数据和服务的聚合。领域知识模型通过形式化模型的方式描述达成广泛共识的智慧城市领域知识，为面向领域内特定应用问题的知识推理和方案规划打下了基础，该模型所提供的可共享的领域知识可以支持智慧城市相关应用的开发。

智慧城市领域所包含的范围极其广泛，涵盖了城市管理及市民个人生活的方方面面，智慧城市建设有必要构建统一完善的领域知识模型，这主要包含以下两方面原因。

① 多源数据和服务聚合需要统一的概念和术语体系。

智慧城市中的数据和服务资源来自存在协作需求的不同机

构和个人，为了整合多源异构数据和治理多元分布服务，需要一套明确统一的概念和术语体系。

② 城市智慧应用开发需要建设可共享的领域知识模型。

智慧城市应用领域多，领域知识丰富庞杂，并且存在大量跨越多个传统业务领域的新型智慧应用。传统软件开发中，开发者在少数领域专家指导下获取领域知识的方式不再适用于智慧城市建设。为此需要建立一套可共享的知识模型，为智慧城市相关应用开发提供支撑。

智慧城市领域知识模型建设需要一套标准的核心概念模型，这是因为智慧城市领域知识模型内容丰富，涉及多个不同领域及众多不同城市。为了促进跨领域和跨城市的知识共享及数据交换，需要凝炼领域之间、城市之间的共性概念及关系，建立一套标准的核心概念模型。

（2）标准内容

本标准规定了智慧城市领域知识模型中跨领域而且跨城市的核心概念和概念之间的关系。本标准适用于智慧城市领域知识模型的构造。构造特定城市、特定领域的智慧城市领域知识模型时，可以将本标准中规约的核心概念模型作为起点，在此基础上进行扩展。此标准也为不同城市或不同领域智慧城市领域知识模型之间的互通和互操作提供了基础。

（3）工作进展

本标准计划号 20151993-T-469，由全国信息技术标准化技术委员会（SAC/TC28）提出并归口。本标准起草单位包括北京大学（牵头单位）、复旦大学、神州数码信息系统有限公司、北京航空航天大学、工业和信息化部电子工业标准化研究院等单位，已于 2016 年 4 月 1 日提交征求意见稿评审申请。

15.《智慧城市 SOA 标准应用指南》

（1）标准意义

智慧城市建设涉及智慧产业体系、应用服务体系、安全保障体系和运营管理体系等多方面的内容，其中，应用服务体系建设是智慧城市的一个重要环节，包括智慧交通、智慧市政管理、智慧节能等市政设施类应用；智慧政务、智慧医疗、智慧文化教育等公共服务类应用；智慧社区、智慧公共安全、智慧环保、智慧食品药品安全等社会管理类应用；智慧制造、智慧电力、智慧旅游、智慧物流等产业经济类应用。SOA 为梳理、设计、管理和维护应用服务体系建设中大量的公共服务工作提供了高效的解决方案。此外，在信息资源集成与服务交换体系层面上，如何保证各个领域的人口信息、法人信息、地理信息等信息资源互联互通，避免形成信息孤岛，SOA 相关技术可提供重要支撑。综合 SOA 在智慧城市中的应用需求，本项目将规定智慧城市的 SOA 应用参考模型及智慧城市建设中 SOA 标准的综合应用建议，在资料性附录中将提出典型智慧城市项目中的 SOA 标准应用案例。

（2）标准内容

本标准规定了智慧城市的 SOA 应用参考模型及智慧城市建设中 SOA 标准的综合应用建议，适用于智慧城市整体及具体领域信息化项目的规划、设计、开发、实施、评估、运行和维护。本标准从智慧城市的技术参考模型、智慧城市建设阶段、智慧城市服务水平、智慧城市典型应用场景四个维度，分别对采纳 SOA 标准提出了指导性建议。主体内容包括对智慧城市技术参考模型、智慧城市建设过程环节、智慧城市服务水平、智慧城市典型应用场景的 SOA 标准应用指南。

（3）工作进展

本标准项目计划号为 20130389-T-469，由全国信息技术标准化技术委员会归口并提出。主要起草单位包括中国电子技术标准化研究院、智慧神州（北京）科技有限公司、北京东方通科技股份有限公司、中国电子科技集团公司第二十八研究所、工业和信息化部第五研究所、北京航空航天大学、长风开放标准平台软件联盟。本标准是智慧城市国家标准首批立项的标准，本标准目前已完成征求意见稿，计划于 2017 年 12 月底前完成报批稿，进入报批阶段。

16.《智慧城市 跨系统交互 系列标准》

- 《智慧城市 跨系统交互 第1部分：总体框架》
- 《智慧城市 跨系统交互 第2部分：技术要求及测试规范》
- 《智慧城市 跨系统交互 第3部分：接口协议要求及测试规范》

（1）标准的意义

智慧城市利用新一代信息技术提高城市运行效率、管理水平和服务水平，解决城市化过程中面临的人口、资源、环境、安全等问题。但是在智慧城市各重要系统的信息交互过程中，各行业系统、公共支撑平台以及城市运行和指挥中心采用的接口标准、消息格式及信息交互功能和技术要求还没有实现标准化。这种情况严重阻碍了智慧城市相关功能的使用、模块集成以及互联互通。通过对以上内容的标准化，可以为智慧城市的发展和应用提供重要支撑。

智慧城市跨系统交互是保障智慧城市运行、完成服务功能的重要基础。智慧城市跨系统交互以公共支撑平台为中心，通过各行业系统及基础数据库的接口获得数据，并面向政府、企业、市民提供城市级基础性数据，以及需要公开和共享数据的统一接入和访问接口，也可以为各类应用信息系统提供所需的共性服务，如信息资源共享、数据交换、数据挖掘分析、业务访问、业务集成、安全可信和系统管理等，同时也为应用系统的开发、部署和运行提供环境。

（2）标准的内容

智慧城市跨系统交互系列标准目前包含三个部分，分别是《智慧城市 跨系统交互 第 1 部分：总体框架》、《智慧城市 跨系统交互 第 2 部分：技术要求及测试规范》、《智慧城市 跨系统交互 第 3 部分：接口协议要求及测试规范》。总体框架规定了智慧城市中跨系统交互的总体架构，包括模型、场景、流程等。技术要求及测试规范规定了跨系统交互的总体技术要求，以及各主要技术能力的测试方法。接口协议要求及测试规范规定了跨系统交互的主要接口和协议，以及针对主要协议流程的测试方法。

智慧城市跨系统交互接口主要包括以下内容。

① 公共支撑平台与智慧城市应用间接口。

主要负责公共支撑平台与智慧城市应用之间的跨系统交互，其中包括应用的接入/撤销、登录/退出、数据地址获取、订阅/推送、事件上报、事件下发等。

② 公共支撑平台与行业系统间接口。

主要负责公共支撑平台与行业系统之间的跨系统交互，其中包括行业系统的接入/撤销、登录/退出、数据更新、数据获取验证、订阅/推送、事件上报、事件下发等。

③ 公共支撑平台与基础数据库间接口。

主要负责公共支撑平台与基础数据库之间的跨系统交互，其中包括基础数据库的接入/撤销、登录/退出、数据更新、数据获取验证、订阅/推送、事件下发等；

④ 智慧城市应用与行业系统间接口。

主要负责智慧城市应用与行业系统间的跨系统交互，其中包括智慧城市应用与行业系统间的数据传输，行业系统的数据推送，定时心跳等；

⑤ 智慧城市应用与基础数据库之间的接口。

主要负责智慧城市应用与基础数据库间的跨系统交互，其中包括智慧城市应用与基础数据库间的数据传输，基础数据库的数据推送，定时心跳等。

（3）工作进展

本系列标准由全国通信标准化技术委员会提出并归口，由中国信息通信研究院等单位制定，目前该系列标准已形成草案，计划在 2017 年完成报批。

19.《智慧城市信息与服务公共支撑平台 第 1 部分：总体框架及建设要求》

（1）标准意义

在当前城市的信息化建设中，构建一个开放的、可扩展的、可伸缩的，并能适应城市各领域需求动态变化的公共支撑与服务平台是共同关注点。它作为城市信息化应用所需的通用数据和服务支撑的城市级信息综合服务平台，可以实现城市级基础性数据以及需要公开和共享数据的统一接入和访问，也可以为各类应用信息系统提供所需的共性服务，如信息资源共享、数据交换、数据挖掘分析、业务访问、业务集成、安全可信和系统管理等。同时它也为应用系统的开发、部署和运行提供环境。

本标准是指导和综合应用智慧城市公共支撑与服务平台的具体技术、服务实现标准依据，也是建立智慧城市相关质量测评标准、工程标准及应用标准的依据。

（2）标准内容

本标准规定了智慧城市公共支撑与服务平台的总体参考框架，包括构成要素、要素之间的关系；同时提出了平台的总体建设要求，包括平台的计算机存储支援要求、数据与服务及技术支撑能力要求、开放及技术支撑能力要求、运行管理要求、安全管理要求、运维管理要求等。

本标准适用于智慧城市公共支撑与服务平台总体及具体智慧应用领域信息化项目的设计、开发、运维和运营。

本标准首先提出了智慧城市公共支撑与服务平台的总体框架，包括：IT 基础设施、计算与存储、数据与服务、开放与技术支撑、运营管理、安全管理、运维管理七个组成部分，之后分别针对各个组成部分提出了总体性要求。

（3）工作进展

本标准项目来源于国家标准化管理委员会 2015 年 7 月 31 日下达的 2015 年第二批国家标准制修订计划，立项名称为《智慧城市公共支撑与服务平台　总体要求》，项目号为 20151998-T-469，由全国信息技术标准化技术委员会归口管理。

本标准编制牵头单位是神州数码控股有限公司。其他参与本标准的起草单位包括：中国电子技术标准化研究院、长城战略咨询、航天科工智慧产业发展有限公司、锐易特软件技术有限公司、北京北达软信息技术有限公司、易达讯网络科技（北京）有限公司、北京清华同衡规划设计研究院智慧城市研究所、中城智慧（北京）城市规划设计研究院有限公司、中国城市科学研究会、北明软件有限公司、软通动力信息技术（集团）有限公司、中国电子科技集团公司第二十八研究所、中国电子科技集团公司、大唐软件技术股份有限公司、华为技术有限公司、北京华夏物联科技有限公司。

本标准目前的进展是：2015 年 10 月中旬形成了第一稿标准草案，目前正在编写第二稿标准草案，预计于 2017 年 3 月完成，之后提交全国信标委 SOA 分技术委员会进行公开意见征求及标准验证，计划于 2017 年 12 月形成报批稿。

20.《智慧城市信息与服务公共支撑平台 第 2 部分：目录管理与服务要求》

（1）标准意义

随着智慧城市公共信息资源应用的深入开展，智慧城市信息与服务公共支撑平台作为智慧城市应用的基础支撑平台，越来越被人们所重视。在使用应用单位众多、服务对象广泛、参与建设管理多元化的复杂情况下，若没有一套切合实际的、行之有效的建设标准作为参照和制约，很难满足城市公共信息服务和管理的需求，更无法保障未来跨区域的智慧城市应用需求。

智慧城市的本质是通过综合运用现代科学技术、整合信息资源、统筹业务应用系统、加强城市规划建设和管理的新模式，构建新型的城市管理与发展的生态系统。当前，智慧城市建设面临城市电网、水网、交通、医疗等诸多城市公共系统之间的信息壁垒。因此，一个统一的、标准化的智慧城市信息与服务公共支撑平台，有利于不同信息资源的采集、汇聚、存储，以及不同应用系统在此基础上的协同分析、数据挖掘，对于智慧城市建设有重要的意义。

（2）标准内容

本标准要求了智慧城市信息与服务公共支撑平台-信息资源编制的基本内容和目录编制的技术要求。平台依托元数据、目录数据、交换数据、安全数据和管理数据等支撑数据，实现数据融合交换共享，降低大数据资源使用成本，为数据资源统一管理及数据资源的使用提供便捷、高效的服务支撑，体现数据资源体系促进产业发展和智慧城市建设的重要价值。

本标准中，信息资源的内容主要包括数据集、档案、文件、报告、服务等，具体的形式可以是数据库、图片、文档、音频、视频、服务等。

信息资源编制的基本内容主要包括目录编目、目录传输系统、目录管理、目录服务系统等部分。目录编目是根据应用单位共享信息资源的内容，提取其基本特征，按照国家标准实现元数据赋值，形成目录内容；目录传输实现目录内容在应用单位目录内容信息库与目录服务中心的目录内容管理信息库之间的传输；目录管理主要实现对汇聚的目录内容进行自动审核和其他相关的管理工作；目录服务是基于网络实现对目录内容的发布，一方面通过对共享信息资源的服务封装，发布接口规范，以统一接口服务方式实现智慧应用对共享信息资源的访问，另一方面，向用户提供目录内容的查询。

在目录编制的技术要求中，对目录编排的符号、命名规则及核心元数据等进行了规范。

（3）工作进展

本标准项目号为 20151996-T-469，由全国信息技术标准化技术委员会归口管理。目前，本标准处于初稿编制阶段，计划 2017 年 4 月完成初稿，7 月完成报批稿。

本标准由中国城市科学研究会，主要参与单位包括中城智慧（北京）城市规划设计研究院有限公司、中兴通讯股份有限公司、神州数码控股有限公司、北京清华同衡规划设计研究院有限公司、华为技术有限公司、中国电子科技集团公司第二十八研究所、软通动力信息技术（集团）有限公司、北明软件有限公司、北京华夏物联科技有限公司、北京匡恩网络科技有限责任公司、大唐软件技术股份有限公司、北京航空航天大学、易达讯网络科技（北京）有限公司、中国电子科技集团公司信息科学研究院、上海三思电子工程有限公司、北京三正科技股份有限公司、山东省标准化研究院、南京市城市规划编制研究中心、建设综合勘察研究设计院有限公司、深圳市新聚丰科技有限公司、泰华智慧产业集团股份有限公司、北京博宇通达科技有限公司等。

21.《智慧城市信息与服务公共支撑平台 第 3 部分：测试要求》

（1）标准意义

新一代信息通信技术在城市经济和社会建设领域的应用，需要能够发挥感知、应用、协同、整合等信息系统综合效能的城市级共性应用支撑平台的建设。智慧城市信息与服务公共支撑平台作为智慧城市建设的重要基础，需要基于面向服务体系结构（SOA）、在城市级应用层面进行顶层设计和统一规划。《智慧城市 公共支撑与服务平台》系列标准通过归纳、提炼城市建设、平台建设实践的先进经验，可以指导规范我国城市开展信息与服务公共支撑平台规划、设计、建设工作。本部分聚焦平台功能、接口、安全，提出相关测试要求和方法，以满足平台对于各类智慧城市应用系统的通用数据传输、访问、安全性等使用需求。

（2）标准内容

本标准规定了智慧城市信息与服务公共支撑平台的功能、安全及其相关接口的测试要求。本标准适用于智慧城市信息与服务公共支撑平台的建设与测试。本标准是指导智慧城市信息与服务公共支撑平台建设的标准依据，也是建立智慧城市相关质量测试范围、测评标准、测试方法、测试技术的依据。

（3）工作进展

本标准项目计划号为 20153400-T-469，本标准由全国信息技术标准化技术委员会提出并归口。该标准由中国电子技术标准化研究院、世纪互联数据中心有限公司、神州数码控股有限公司、中国电子科技集团公司、华迪计算集团有限公司、中国软件与技术服务股份有限公司、北京航空航天大学、大唐软件技术股份有限公司、山东浪潮齐鲁软件产业股份有限公司、北京东方通科技股份有限公司、东软集团股份有限公司、南京市信息中心、扬州市政府信息资源管理中心、雅安市经信委等单位负责起草。本标准目前已完成标准草案，计划于 2017 年 12 月底前完成征求意见稿，进入征求意见阶段。

22.《智慧城市 城市运营中心 第 1 部分：指挥中心建设框架及要求》

（1）标准意义

标准是对重复性事物和概念所做的统一规定，它以科学、技术和实践经验的综合为基础，经过有关方面协商一致，由主管机构批准，以特定的形式发布，作为共同遵守的准则和依据。此项智慧城市运营中心国家标准的制定及面向公众发布的意义在于，对全国各地目前筹备建立的、正在建立的，以及已经建设完成的各个城市或区域运营中心的统一的规定，既能够检验已建成的运营中心是否具备智慧城市（或区域）协调联动的功能，也能够对即将筹备建设的智慧城市（或区域）运营中心起到指导及规划参考作用，它以一种科学合理的理念和充分丰富的各地建设、需求实践经验为基础，经过国内各大经验丰富的智慧城市建设企业、研究所和高效科研机构的协商一致，由中国城市科学研究会牵头，城科会智慧城市联合实验室执行，最终以国家标准的形式发布，作为智慧城市运营中心建设所共同遵守的准则和依据。所以本标准具备现实意义，具备可操作性而且存在编订需求。

（2）标准内容

此智慧城市运营中心国标的主要内容，在参考已出台的相关国家标准的主要内容与各部分划分的基础上，结合智慧城市运营中心本标准自身所需的规范内容，具体划分为以下几大部分：范围、规范性引用文件、术语定义和缩略语、总体框架、功能要求、建设要求、安全要求、管理要求。

范围规定了智慧城市运营中心此项国标的规范范围，即适用于智慧城市城市运营中心的规划、建设与管理，但并不仅限于城市建设范畴，一般区、县也适用。规范性引用文件即本标准编订过程中所引用各类标准或文件；术语定义选取了此智慧城市运营中心自身及相关术语即定义，如城市运营中心、公共基础数据库、基础支撑系统、公共支撑与服务平台（即公共信息平台，名字待定）、GIS 地理信息服务平台、应用接口管理系统等；总体框架即本智慧城市运营中心自身的结构构成（构成逻辑顺序）及它在整体智慧城市（或区域）建设中的位置和与其他外部部分的关系，说明自身的结构与外部的关系；智慧城市运营中心的四大功能：信息展示功能、实时监测功能、决策分析功能、事件管理功能，其中事件管理功能分为日常事件与应急事件两大类型；建设要求明确了基础设施建设要求、数据建设要求、系统集成要求和接口建设要求；安全要求部分规定了此类智慧城市运营中心运维过程中的物理安全、网络安全、数据安全、系统安全及应用安全要求；管理要求包括日常及应急管理、档案管理、数据管理的内容。

（3）工作进展

本标准项目来源于国家标准化管理委员会 2015 年 8 月 20 日下达的 2015 年新型城镇化 24 项计划，立项名称为《智慧城市　城市运营中心　第 1 部分：指挥中心建设框架及要求》，项目号为 20152351-T-339，由全国通信标准化技术委员会归口管理。本标准已提交全国通信标准化技术委员会进行公开意见征求及标准验证，计划于 2017 年 12 月形成报批稿。

此项标准的牵头编写及组织单位是中国城市科学研究会。核心参加单位：中城智慧（北京）城市规划设计研究院有限公司、软通动力信息技术（集团）有限公司、华为技术有限公司、中兴通讯股份有限公司、南京南大智慧城市规划设计有限公司、北京清华同衡规划设计研究院有限公司、北京天融信科技有限公司、北明软件股份有限公司、浙江大华技术股份有限公司、建设综合勘察研究设计院有限公司等。

23.《智慧城市 顶层设计指南》

（1）标准意义

目前，我国智慧城市建设已进入全面发展、快速建设、深化应用阶段。统计表明，全国所有副省级以上城市、89%的地级及以上城市，47%的县级及以上城市都提出要建设智慧城市。在各地智慧城市建设过程中，有的已经取得了一些效果，积累了一些经验。但也要看到智慧城市建设中出现的一些问题，主要是缺乏顶层设计和统筹规划，发展理念和路径不清晰，实际应用效果不明显，体制机制创新滞后，网络安全隐患严重，盲目建设现象突出。因此，需要一个整体性的顶层设计和规划做指导。

制定智慧城市顶层设计指南，可以为各地开展智慧城市顶层设计提供统一的标准参考依据，确保智慧城市体系结构的科学性、合理性、实用性和长远性，明确智慧城市建设的重点内容、各重点内容之间的内在逻辑关系，为智慧城市建设和规划的实施提供指导。

（2）标准内容

本标准规定了智慧城市顶层设计参考框架、工作流程、基本要素、通用方法，对如何开展顶层设计以及智慧城市体系框架设计给出了指导性建议。本标准适用于城市开展信息化规划和智慧城市顶层设计。

智慧城市顶层设计是针对智慧城市建设，从全局的视角出发，进行总体架构的设计，对架构的各个方面、层次、各种参与力量、各种因素进行统筹考虑和设计。梳理出城市发展目标与信息化的关系，提出智慧城市总体架构，确定智慧城市建设目标、内容，明确业务架构、应用架构、数据与服务支撑体系、基础设施架构、标准规范体系，分析城市发展现状与智慧城市目标的差距，提出结构化的过渡路径，保障共性需求的统筹和信息资源的共享，指导智慧城市的具体实施。

智慧城市顶层设计总体流程可分为四个阶段：现状分析、初步设计、架构设计、实施方案设计。要加强与国民经济和社会发展总体规划、主体功能区规划、相关行业发展规划、区域规划、城乡规划以及有关专项规划的衔接，做好统筹城乡发展布局；要突出为人服务，深化重点领域智慧化应用，提供更加便捷、高效、低成本的社会服务；要明确推进信息资源共享和社会化开发利用、强化信息安全、保障信息准确可靠以及同步加强信用环境建设、完善法规标准等的具体措施。

（3）工作进展

本标准项目计划号为 20151998-T-469，本标准由全国信息技术标准化技术委员会提出并归口。本标准由中国电子技术标准化研究院、北京市长城企业战略研究所、华为技术有限公司、中兴通讯股份有限公司、中电科新型智慧城市研究院有限公司、智慧神州（北京）科技有限公司、中城智慧（北京）城市规划设计研究院有限公司、建设综合勘察研究设计院有限公司、山东省标准化研究院、世纪互联数据中心有限公司、北京初志科技有限公司、西安未来国际信息股份有限公司、深圳市华傲数据技术有限公司、北京清华同衡规划设计研究院、中国城市科学研究会数字城市工程研究中心、北京电信规划设计院有限公司、太极计算机股份有限公司、银江股份有限公司、国家工业信息安全发展研究中心、北京北达软信息技术有限公司等单位负责起草。本标准目前已形成较为成熟的草案，本标准计划于 2017 年 12 月底前完成报批稿，进入报批阶段。

24.《智慧城市软件服务预算管理规范》

（1）标准意义

近年来，智慧城市成为我国各城市信息化建设的热潮。目前我国有上百个大中城市将智慧城市纳入工作规划或方案当中，我国“智慧城市”建设已进入快速发展阶段。智慧城市将物联网、云计算、移动互联网、SOA、开放数据等先进的信息技术与城市运行管理相结合，通过各领域智能化应用、充分的信息整合与互联、各方面的协同运作，以提升城市基础设施的运作效率、城市运行管理和公共服务水平，提高城市居民的生活水平。

智慧城市建设涉及智慧产业体系、应用服务体系、安全保障体系和运营管理体系等多方面的内容，其中，应用服务体系建设是智慧城市的一个重要环节，包括智慧交通、智慧市政管理、智慧节能等市政设施类应用；智慧政务、智慧医疗、智慧文化教育等公共服务类应用；智慧社区、智慧公共安全、智慧环保、智慧食品药品安全等社会管理类应用；智慧制造、智慧电力、智慧旅游、智慧物流等产业经济类应用。其中，软件系统是实现现有领域智慧化的一个重要因素，很多智慧系统的建设都需要大量的软件支撑。然而，目前针对智慧城市软件服务预算方面，全社会还没有统一公认的方法、流程和框架。

因此，需要制定智慧城市的软件服务预算管理规范，明确智慧城市软件服务成本的构成及评估的基本方法，以及采用该方法确定软件服务预算的基本过程与原则，并有效支持城市管理者和建设者对建设智慧城市所需的软件服务预算工作。

（2）标准内容

本标准规定了智慧城市软件服务成本的构成、评估的基本方法，以及采用该方法确定软件服务预算的基本过程与原则。本标准适用于智慧城市建设过程中各种软件服务预算编制过程。本标准为各城市扩展和制定各自智慧城市预算评估体系提供统一的框架和指导，提升我国智慧城市建设中软件服务预算编制效率和预算编制的准确性，提升预算编制质量。

（3）工作进展

本标准项目计划号为 20152003-T-469，由全国信息技术标准化技术委员会提出并归口。该标准由中关村智联软件服务业质量创新联盟、中国电子技术标准化研究院、上海市软件行业协会、中国科学院上海高等研究院、同济大学、广联达软件股份有限公司、北京中科汇联信息技术有限公司、北京中百信工程咨询有限公司等单位负责起草。本标准目前已经形成报批稿，正在报批阶段。

25.《智慧城市 信息系统运维指南》

（1）标准意义

在全面建设新型智慧城市的过程中，城市建立了越来越多的信息系统。作为智慧城市运转的重要保障，信息系统的安全和稳定关系着整个城市的高效、有序运行，如果能在众多纷繁复杂的信息系统运维工作中，提炼出通用性的标准，用于规范和指导信息系统运维方开展运维工作，成为了一项紧迫性需求。

本标准是指导和综合应用智慧城市信息系统运维技术的总体框架，也是规范智慧城市信息系统运维的组织架构、运维规范、运维能力、运维服务等的依据。

（2）标准内容

本标准定义了智慧城市信息系统运维体系框架，并提出了 GB/T 28827《信息技术服务运行维护》系列标准在智慧城市信息系统运维服务中的应用指南。本标准适用于指导服务供方来进行服务交付以满足业务需要和客户需求。

框架中，运维的对象就是智慧城市体系框架，包括服务管理平台（面向市民、企业和城市管理者的应用平台），数据共享与整合平台（包括以四大库为代表的数据平台），以及以信息基础设施和通信基础设施相结合的基础设施层。通过分析对运维对象的需求，导出运维的支撑，包括组织架构（岗位和职责）、运维服务（服务管理平台运维、数据共享与整合平台运维以及通信和信息基础设施运维）、运维规范（交付规范、应急规范和安全规范）和运维能力（人员、过程、技术和资源）。

（3）工作进展

本标准项目计划号为 20151997-T-469，由全国信息技术标准化技术委员会提出并归口。该标准由智慧神州（北京）科技有限公司、中国电子技术标准化研究院、华为技术有限公司、易达讯网络科技（北京）有限公司、北京清华同衡规划设计研究院智慧城市研究所、中国城市科学研究会、北明软件有限公司、软通动力信息技术（集团）有限公司、中国电子科技集团公司第二十八研究所、中国电子科技集团公司、大唐软件技术股份有限公司、北京华夏物联科技有限公司、中兴通讯股份有限公司、南京斯坦德通信股份有限公司等单位负责起草。本标准目前已完成草案编制工作，正在进一步修改完善。本标准计划于2017年12月底前完成报批稿，进入报批阶段。

26.《智慧城市 智慧医疗 第1部分：框架及总体要求》

（1）标准意义

近年来，智慧城市成为我国各城市信息化建设的热潮。目前我国有上百个大中城市将智慧城市纳入2012年的工作规划或方案当中，并开始大力推进建设实施。由于我国智慧城市建设整体上处于起步阶段，很多城市对于城市当前状态和未来智慧城市建设目标缺乏更科学、全面的认识，导致许多城市在规划和建设中缺乏依据，存在盲目投资建设的情况。为明确和量化地方智慧城市建设的成效，上海已尝试并初步提出了智慧城市相关评价指标体系、部分城市也在此基础上参考提出了各自的评价指标体系。对于城市管理者及相关机构来说，通过使用智慧城市评价指标体系，能够很好地把握其“智慧城市”的发展水平，合理规划未来发展目标，从而进行城市建设和管理的科学决策。对于具体实施机构来说，也可以通过“智慧城市”评价指标体系对建设项目进行正确的评估，以便找出不足之处予以纠正，从而确保“智慧城市”建设快速、健康地发展。

其中，智慧医疗是智慧城市的重要组成部分。由于国内公共医疗管理系统的不完善，医疗成本高、渠道少、覆盖面低等问题困扰着大众民生。尤其以“效率较低的医疗体系、质量欠佳的医疗服务、看病难、看病贵的就医现状”为代表的医疗问题为社会关注的主要焦点。大医院人满为患，社区医院无人问津，病人就诊手续繁琐等问题都是由于医疗信息不畅，医疗资源两极化，医疗监督机制不全等原因导致，这些问题已经成为影响社会和谐发展的重要因素。所以我们需要建立一套智慧的医疗信息网络平台体系，使患者用较短的等疗时间、支付基本的医疗费用，就可以享受安全、便利、优质的诊疗服务。从根本上解决“看病难、看病贵”等问题。因此，建立我国统一、科学合理的智慧医疗标准体系框架，可为各地智慧医疗建设提供依据，为有需求的地方扩展和建立各自的智慧医疗指标体系提供基础。

（2）标准内容

本标准规定了智慧城市中智慧医疗的系统框架和总体要求，主要包括基础支撑平台、应用支撑平台、应用服务平台等的技术要求。

（3）工作进展

本标准项目计划号为 20161920-T-469，本标准由全国信息技术标准化技术委员会（TC28）提出并归口。该标准由武汉智城科技有限公司、上海延华智能科技（集团）股份有限公司、上海计算机软件开发中心、中国电子技术标准化研究院、湖北省标准化与质量研究院、上海产业技术研究院、浦东卫生发展研究院等单位负责起草。本标准目前已完成草案，即将进入征求意见阶段。本标准计划于 2017 年 12 月底前完成报批稿，进入报批阶段。

27.《智慧城市 智慧医疗 第 2 部分：移动健康》

（1）标准意义

移动健康广泛应用于医疗健康领域，移动健康是利用移动通信等技术向个人、家庭和社区提供健康服务的一种应用模式。移动健康的应用场景多种多样，服务提供商对于移动健康的理解以及业务提供方式也不尽相同，当前移动健康业务形态和实现方式各不相同，使得在移动健康产业中实现业务互通及应用整合存在很大的困难。对移动健康在业务、网络、设备、安全等方面的需求进行规范，有助于移动健康架构设计和系统实现。

（2）标准内容

本标准规定了智慧城市移动健康业务在设备、应用、安全和管理等方面的总体要求。

移动健康业务主要设备类型包括移动健康传感节点、移动健康终端、移动健康网关、移动健康业务平台等。对于移动健康传感节点，应具有唯一标识、支持无线通信能力、可立即或根据用户请求发送监测数据、支持安全功能等。对于移动健康终端，应支持基于设备唯一标识来接入网络、能够对网络的合法性进行鉴权、支持对健康数据的加密传输和实时传输、支持签约管理和计费功能等。对于移动健康网关，应支持移动健康传感节点的注册和管理、支持移动健康传感节点与移动健康业务平台的网络层代理功能和应用层代理功能。对于移动健康业务平台，应支持健康数据的转换和存储、支持健康数据交换、支持通过网页入口或技术支持等方式进行网络配置和远程应用配置，以及账户、设备和接口管理。

移动健康应用的要求包括：应保障客户的个人信息安全、应提供用户设备的注册管理支持、应提供由移动健康设备采集到的数据的精确性的支持。

移动健康安全的要求包括：移动健康感知延伸层节点的安全要求、感知层安全要求、网络层安全要求、业务层安全要求、运维管理安全要求。

移动健康管理的要求包括：服务质量管理要求、故障管理要求、资源管理要求、配置管理要求、性能管理要求、日志管理要求。

（3）工作进展

本标准由全国通信标准化技术委员会提出并归口，由中国信息通信研究院等单位制定，目前该标准已形成征求意见稿，计划在2017年完成报批。

28.《智慧城市 建筑及居住区 综合服务平台通用技术要求》

（1）标准意义

本标准将主要规定智慧城市下开展建筑及居住区安防、机电监控、消防等子系统的综合服务平台的基本功能、接口功能、子系统功能等相关技术要求。建筑及居住区综合服务平台是居住区管理、服务和运营的核心，提供多种数据访问、存储和交互的基础云数据访问平台，由各种业务和服务系统等构成，是一个轻量级、服务功能模块化的平台。本标准将有助于形成不同智慧住区终端系统、服务业务和管理的互联互通，构成灵活高效的智慧住区技术框架体系。

（2）标准内容

智慧城市中智慧社区综合服务平台的通用技术要求，包括平台总体要求、平台核心通用技术要求、平台建设架构要求、应用系统建设详细功能要求、平台接口及应用接入要求、云平台建设要求、平台建设和运营管理模式。适用于智慧城市中的智慧社区平台。

综合服务平台应符合的总体要求包括以下内容。

① 安全。

应能保障区域内人、财、物的安全，以及信息安全。

② 管理高效。

应能在物业管理、行政管理方面具备较高的管理效率。

③ 服务便捷。

应能为居民提供便捷的服务。

④ 健康。

应能为居民健康生活环境提供支持。

⑤ 节能。

应能提供节能环保方面的支持。

⑥ 平台开放。

应为开放性平台，可广泛接入第三方子系统，也能无缝接入智慧城市平台。

综合服务平台应采用契合应用系统需求的智能化、信息化技术，包括人工智能、物联网（万物网）、云计算、大数据、移动互联网、地理信息、智能导航、卫星通信等。智慧社区应是一个开放型系统，由若干模块组成。这种开放性体现在两个方面，一是社区内部，模块间在纵向上、横向上均可互联互通；二是社区外部，社区总体对外应具备开放性接口，可与智慧城市其他系统互联互通。智慧社区应积极引入光伏、地热、风能等新能源，构建基于能源互联网思维的多能协同网络，实现横向多源互补，纵向源-网-荷-储协调运行，具备绿色、低碳特征；并利用低碳、可持续发展理念来引导、约束居民行为模式，以减少能源消耗、降低碳排放。

（3）工作进展

标准目前处于讨论稿阶段，计划于 2017 年 12 月报批。标准主要参与单位包括：住房和城乡建设部 IC 卡应用服务中心、厦门立林科技有限公司、厦门 ABB 振威电器设备有限公司、上海天诚通信技术有限公司、北京万城智慧科技有限公司、中外建设信息有限责任公司、北京亿速码数据处理有限责任公司、中关村乐家智慧居住区产业技术联盟、北京中电华大电子设计有限责任公司、北京智慧远景科技产业有限公司、上海天诚线缆销售有限公司、西安开元电子实业有限公司、东信和平科技股份有限公司、广东金鹏智慧社区运营管理有限公司、泰州市凤城一卡通有限公司、重庆艺华建设工程集团有限公司、人网信息科技有限公司、广州智慧家庭技术标准促进中心、北京建筑技术发展有限责任公司。

29.《智慧城市 多规融合规划设计导则》

（1）标准意义

随着我国新型城镇化建设的深入推进，国家对规划改革、空间治理体系等方面提出了新的要求，目前国家各部委正深入推进“多规合一”规划试点工作。首批试点城市的“多规合一”规划工作已取得了初步成效，下一步的多规合一编制工作将扩大到全国更多城市。在此背景下，需及时地总结国内各城市“多规合一”规划编制的经验与教训，结合智慧城市建设，研究出台“智慧城市多规融合设计”的国家标准，形成一套统一、科学合理的多规融合标准，以满足我国当前空间规划体系改革和提升国家现代化治理能力的需求，支撑国家智慧城市建设和“多规合一”改革试点，指导地方多规融合规划编制和实践工作。

（2）标准内容

智慧城市多规融合设计导则的主要内容包括六个方面：

体系化制定协调统一的发展战略与目标。根据城市宏观经济运行趋势和新型城镇化发展要求，研究确定城市经济社会发展战略与目标，综合分析土地供需态势，科学合理确定经济发展、人民生活、土地利用、生态文明等指标，统筹设定协调一致的城乡发展目标体系，确保土地资源可持续利用和经济社会全面协调可持续发展。

制定统一的标准与规范。建立涵盖城乡、内涵统一的用地分类与建设标准，可协调转换的城市规划与土地利用总体规划的用地指标。制定“多规融合”实施管理规定，包括规划与用地分类标准、空间管治标准、多规合一的指标设置等技术标准文件，科学构建统一协调的空间规划体系技术路径，保障“多规融合”深入推进实施。

划定增长与保护边界。按照促进生产空间集约高效、生活空间宜居适度、生态空间优美的总体要求，优化城市空间及各乡镇空间结构，统筹规划各类城乡建设用地与非建设用地。在综合考虑社会经济发展、区域环境承载力和节约集约用地要求的基础上，合理划定城市发展边界、永久基本农田和生态红线，严守耕地红线。

优化土地利用布局。根据人口城镇化预期、城镇规模变化对城镇人均用地需求的影响、农村生产生活方式对农村人均用地需求的影响，合理确定城乡居民点用地结构与布局，形成生产、生活、生态空间的合理结构。

统筹重大项目和基础设施建设。合理安排基础设施、公共服务设施、社会管理等重大项目用地，确保交通、水利、能源等基础设施保障能力的空间分布与人口经济的空间集聚相协调，合理安排基础设施项目布局。划定城市发展重大空间板块，引导各类用地集中集聚，实现存量规划与集聚发展。

搭建多规融合信息平台。搭建多规融合的信息技术平台，构建涵盖社会经济、土地利用、空间布局、建设项目等要素的多规数据库系统，来支撑城市规划、管理和社会服务。

（3）工作进展

本标准目前完成了智慧城市多规融合规划设计导则编制的前期资料搜集、“多规融合”规划相关案例、标准立项答辩和初稿的撰写，计划于 2017 年 8 月形成报批稿。牵头单位为中城智慧（北京）城市规划设计研究院有限公司；主要参与单位有南京大学、中国城市科学研究会、南京市城市规划编制研究中心、上海数慧系统技术有限责任公司、北京大学、山东省标准化研究院、北京清华同衡规划设计研究院有限公司、湖北省标准化与质量研究院。

30.《智慧城市建设信息安全保障指南》

（1）标准意义

智慧城市建设是一项复杂的大型系统工程，其安全问题尤显重要。一方面，在未来网络时代未根本解决好安全问题的情况下，系统的信息感知层、接入与传送层、应用层与终端层、智能/智慧处理及协同平台层等诸多层面存在不安全因素；另一方面，不可或缺的云化支持与社会管理环境等也带来诸多突发性不安全因素。为推进我国智慧城市建设，在针对智慧信息技术的安全风险分析基础上，提出信息安全管理和技术保障要求，特制定本指导性技术文件。

本指导性技术文件确立了智慧城市安全框架，给出智慧城市建设全过程信息安全保障管理要求及体系规范，重点给出了针对智慧信息技术特征的安全保障技术要求。本指南用于政府部门或项目单位，有助于信息安全主管部门为智慧城市建设、运营使用、运维服务等相关单位明确智慧城市建设全生命周期各阶段的信息安全保障要求与责任提供指导，确保智慧城市建设运营主体各方的权益、运营秩序和信息安全，增强抵御风险和自主可控的能力。同时可为智慧城市管理、工程技术及第三方服务等相关人员提供管理和技术参考。

（2）标准内容

本指导性技术文件确立了智慧城市建设全过程的信息安全保障体系，包括智慧城市建设从规划与需求分析、勘察设计、实施施工、检测验收、运营维护、监督检查与评估到优化与持续改进的全过程信息安全保障的责任体制建设与技术规范指南。在全面落实已有信息化建设安全标准规范的基础上，针对云计算、物联网、移动互联网、大数据等智慧城市信息技术，制定信息安全保障管理规范与技术规范框架，明确智慧城市建设信息资源交换整合、提升应用所涉及的安全域、信息设备产品、信息系统、数据资源以及运维检测等方面的安全保障规范。

本指导性技术文件适用于智慧城市管理、建设、运营及运维单位，为智慧城市管理人员、工程技术人员等相关人员进行信息安全设计、建设及运维提供管理和技术参考。

（3）工作进展

本标准项目计划号为 20141405-Z-469，由全国信息安全标准化技术委员会提出并归口。本标准由浙江省经济信息中心、中国电子技术标准化研究院、中国信息安全测评中心、中国管理科学研究院、中电海康集团、中电长城网际系统应用有限公司、西南科技大学、浙江省标准化研究院、浙江省电子产品检验所、陕西省网络与信息安全测评中心、杭州安恒信息技术有限公司、北京匡恩网络科技有限责任公司、浙江省发展信息安全测评技术有限公司、新华三技术有限公司、北京天融信科技有限公司、杭州奕锐电子有限公司、北京易恒信认证科技有限公司、四川万和智联科技有限公司、成都腾甲数据服务有限公司等单位负责起草。本标准目前已完成征求意见稿编制，正在进一步完善。本标准计划于 2017 年 12 月底前完成报批稿，进入报批阶段。

第 7 章　智慧城市国际标准化工作

7.1　ISO/IEC JTC1 智慧城市工作组（WG11）

WG 11 的前身是 SG 1（智慧城市研究组），主要工作包括分析智慧城市相关技术、市场和社会的 ICT 标准化需求；研究智慧城市发展所需的现有关键技术；提出 JTC 1 如何应对智慧城市 ICT 标准化需求；向 JTC 1 全会提交研究报告，从 ICT 角度研究智慧城市标准化路线图，潜在标准需求，智慧城市相关术语定义、参考模型、用例等内容。我国从 SG 1 成立之初就担任其召集人和秘书的工作，两年以来，在中国的主导和积极推进下，SG 1 在智慧城市 ICT 参考框架、智慧城市 ICT 指标、智慧城市本体论等领域的研究取得突破，并由中国国家成员体向 JTC 1 提交了《智慧城市 ICT 参考框架》和《智慧城市 ICT 指标》两项国际标准的立项建议。

中国提出的两项国际标准立项建议《智慧城市 ICT 参考框架》和《智慧城市 ICT 指标》获得 ISO/IEC JTC 1 投票通过，正式立项。根据 2015 年 JTC 1 全会决议，JTC 1 将在上述两项国际标准提案正式立项后成立直属工作组 WG 11（智慧城市工作组）开展标准的研制工作，并由中国专家担任工作组的召集人和秘书。目前，中国还承担 2 个国际标准编辑、4 个联合编辑的职位（见表 7-1），同时积极调动国际专家积极参与，超过 10 个国家参与到 4 项国际标准工作。

表 7-1　ISO/IEC JTC1 中国参与编辑/联合编辑标准

项目号	标准名称	编辑/联合编辑
30145-1	Smart City ICT Reference Framework- Part 1: Smart City Business Process Framework 智慧城市 ICT 参考框架 第 1 部分：智慧城市业务流程框架	编辑: Michael Mulquin (UK) 联合编辑: François Coallier (CA), 张大鹏 (中国), Nikita Utkin (RU), Danila Nikolaev (RU), Kishor Narang (IN), Jun Seob Lee (KR)
30145-2	Smart City ICT Reference Framework- Part 2:Smart City Knowledge Management Fram ework 智慧城市 ICT 参考框架 第 2 部分：智慧城市知识管理框架	编辑: Jacqui Taylor (UK) 联合编辑: François Coallier (CA), 赵俊峰 (中国), 张大鹏 (中国), Mark Fox (CA), Nanjangud Narendra (IN),Jun Seob Lee (KR)
30145-3	Smart City ICT Reference Framework- Part 3: Smart City Engineering Framework 智慧城市 ICT 参考框架 第 3 部分：智慧城市工程框架	编辑:张大鹏（中国） Co-editor: François Coallier (CA) , Prasant Misra(IN), Jun Seob Lee (KR), Nikita Utkin (RU)

续表

项目号	标准名称	编辑/联合编辑
30146	Smart City ICT Indicators 智慧城市 ICT 评价指标	编辑: 刘棠丽 (中国) 联合编辑：冀辰(中国), Jacqui Taylor(UK), Nikita Utkin(RU), Danila Nikolaev(RU), Mark Fox(CA), Kishor Narang(IN), Michael Mulquin(UK), Jun Seob Lee (KR), Bruno von Niman (SE)

截止到 2017 年 5 月，ISO/IEC JTC1 智慧城市工作组参与国家包括 24 个国家 96 名专家成员。中国、英国、澳大利亚、意大利、加拿大、印度、德国、韩国、日本、俄罗斯、法国、新加坡、瑞典、荷兰、芬兰、美国。WG 11 是国际上开展智慧城市标准化工作进展最全面的工作组之一，也是我国参与最为深入的标准化组织之一。

7.2　ISO TC 268 SC1

国际标准化组织（International Organization for Standardization, ISO）是由各国标准化团体（ISO 成员团体）组成的世界性的联合会。国际标准制定工作通常由 ISO 的技术委员会完成。ISO 与国际电工技术委员会（IEC）在电子电工标准领域合作密切。

ISO/TC 268 SC1 是国际标准化组织/社区可持续发展技术委员会/智慧城市基础设施计量分技术委员会，成立于 2012 年，秘书处设在日本，日本为主席国，中国为副主席国。目前有 19 个成员国、9 个观察员国参与工作。

分技术委员会致力于在智慧城市基础设施领域建立标准，其目的是提升基础设施产品和服务的国际交易水平，通过建立和谐的产品标准，评价相关前沿技术对城市可持续发展的贡献程度。目前，ISO/TC268/SC1 已经推出 ISO 37151:2015 智慧城市基础设施——绩效评价原则和要求、ISO 37150:2014 智慧城市基础设施——与评价相关的研究回顾。ISO TR 37150 是 ISO 第一个智慧城市基础设施领域的国际标准文件，文件对全球的智慧城市项目建设与标准制定研究具有非常大的指导意义，中文版已于 2015 年 7 月正式出版。值得一提的是，参与 SC1 的中国住房和城乡建设部专家组向 TC268 SC1 提出的《中国可持续发展的城镇化与智慧城市》理论提案和《住房和城乡建设部智慧城市示范工程（2012-2015 中国）》项目提案被列入 ISO TR37150 技术报告中，报告列出了我国具有代表性的住房城乡建设部第一批典型试点城市（镇）的佛山乐从镇、宁波镇海区、沈阳浑南新区、辽源市的智慧城市建设项目等实践工作。TR37510 文件将对全球的智慧城市项目建设与标准制定研究具有非常大的指导意义。带有“中国元素”的 TR37150 文件向全球介绍了中国为代表的发展中国家的智慧城市建设的理念和思路，以中国提案中提及智慧城市是通过信息化等现代科技手段促进城镇化可持续、健康发展，而不是完全是以欧洲、美国为代表的过于强调信息化的作用与投入的不同方向和理念，为下一步在 ISO 层面研究与制定相关标准中，加大发展中国家在智慧城市建设中城市建设与智慧系统建设相互结合的基本理念的话语权。

目前，ISO/TC268/SC1 正在开展的研究项目包括由 ISO/TC268/SC1/WG2 负责的 ISO/DTR 37152 智慧城市基础设施——开发与运营通用框架，已经提出了 ISO/PWI 37153 智慧城市基础设施——性能和集成成熟度模型。ISO/TC268/SC1 还与 ISO/TC 59/SC 17 建筑和土木工程的可持续性、ISO/TC207/SC7 温室气体管理和相关活动建立联系。其中 ISO 37150:2014 智慧城市基础设施——与评价相关的研究回顾，通过建立和谐的产品标准，评价相关前沿技术对城市可持续发展的贡献程度。当前分技术委员会成立了 ISO/TC268/SC1 两个焦点工作组：AHG2 智慧城市基础设施——交通设施最佳实践指南，以及 AHG3 城市基础设施数据交换与共享指南。分技术委员会下一步工作重点将围绕这两个焦点工作组展开。AHG2 由日本专家担任召集人。AHG3 由中国专家担任召集人。AHG3 正在进行城市基础设施数据交换与共享指南的国际标准 ISO 37156 的立项编写工作，这项国际标准的目标是建立一个普遍适应的数据共享机制，为城市规划者、管理者、维护者和服务者提供服务；研究范围包括城市基础设施之间共享的信息类型（例如地理信息、影像、属性信息、时间戳信息）；城市基础设施之间的数据交换框架与方法；数据共享、数据交换和数据使用的安全性；数据融合的数字连续性保障要求。

城市可持续发展是联合国、世界银行、经合组织关注的要点，也是 ISO 国际标准研制的重点。近年来我国城市化进程不断加快，党和国家高度重视，已有来自不同国家的研究机构和专家参与到城市可持续发展标准化工作中，为推进我国城市可持续发展做出贡献。

7.3　IEC 国际电工委员会

国际电工委员会（IEC）负责有关电气工程和电子工程领域中的国际标准化工作，成立于 1906 年，是世界上成立最早的国际性电工标准化机构。

IEC 从“系统的系统”角度定义智慧城市，采用系统方法开展智慧城市领域的标准化工作。当前 IEC 内正在开展智慧城市标准化工作的组织为 IEC/SyC Smart Cities 智慧城市系统委员会，其前身为 IEC/SEG 1 智慧城市系统评估组。下面分别介绍 IEC/SyC Smart Cities 和 IEC/SEG 1。

1. IEC/SyC Smart Cities 智慧城市系统委员会

IEC/SyC Smart Cities 于 2016 年 2 月正式成立，主要负责开展智慧城市领域电子电工相关国际标准研究，以促进城市系统的集成性、互操作性和有效性。2016 年 7 月 IEC /SyC Smart Cities 在新加坡召开了首次全会。首次全会初步确立了工作范围、组织架构（见图 7-1）、联络机构及联络官员、未来会议安排等，并启动三个工作组（见表 7-2）的研究任务。

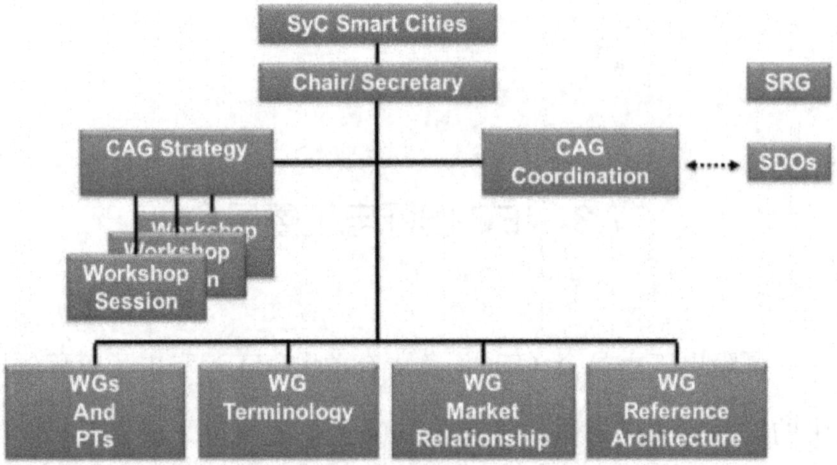

图 7-1　IEC/SyC 组织架构

表 7-2　IEC/SyC 下设工作组信息一览表

工作组编号	工作组名称	召集人	研究范围
WG1	Terminology（术语工作组）	英国专家 Michael John Mulquin 为召集人	WG1 负责研究和维护 IEC 智慧城市系统委员会的通用术语集
WG2	Market Relationship（市场关系工作组）	中国专家万碧玉为召集人，南非专家 Sicelo Xulu 为联合召集人	WG2 负责识别智慧城市的关键方面、收集和分析用例、智慧城市仿真的电工方面、在真实城市中试验的标准
WG3	Reference Architecture（参考框架工作组）	印度专家 Narang Nand Kishor 为召集人，中国专家钱恒担任联合召集人	WG3 负责研制和维护智慧城市参考框架模型，与 IEC SRG 系统资源组合作研制和维护标准映射工具

IEC/SyC Smart Cities 是我国参与最为深入的标准化组织之一。我国在 WG2 和 WG3 两个工作组中均占有主导地位。其中，中国专家万碧玉博士担任 WG2 市场关系工作组的召集人，钱恒研究员担任 WG3 参考框架工作组联合召集人。此外，首次全会也确定了由中国专家刘棠丽博士、张维华博士、桑梓勤博士等分别担任 JTC 1/WG 11、JTC 1/SC 25、ITU-T/SG 20 与该系统委员会的组织间联络员。

山东省标准化研究院为 IEC/SyC Smart Cities 国内技术对口单位。2016 年 11 月，作为国内技术对口单位，山东省标准化研究院面向国内有关单位征集有关专家参与该系统委员会的智慧城市标准化研究工作。通过本次专家征集工作，可以发现国内相关企业、高等院校、科研院所等机构参与IEC智慧城市国际标准化工作具有较高的积极性。

当前，IEC/SyC Smart Cities各个工作组的具体研究工作尚处于起步阶段。下一步，该系统委员会的各个工作组将明确研究目标和研究方案，提出具体的国际标准提案，开展预研究及标准编制工作。同时，山东省标准化研究院也将组建该系统委员会的国内技术对口工作组，组织国内专家深入参与IEC智慧城市国际标准化工作，推动国内最佳实践向国际标准的转化工作。

2. IEC智慧城市系统评估组

2013年6月，IEC/SEG 1在IEC/SMB标准管理局会议上正式成立。IEC/SEG 1工作目标是总结和评价智慧城市领域标准化现状，开展IEC内智慧城市标准化需求研究和整体工作规划，并对IEC如何开展智慧城市标准工作、现有IEC标准如何衔接以及潜在新标准项目等内容开展研究，评估在IEC成立系统委员会的必要性。

IEC/SEG 1具体工作范围如下。

① 系统委员会范围；

② 相关通用用例；

③ 可行的参考架构模型；

④ 标准化路线图；

⑤ 已有及需新制定的评价、指标、术语调研及汇总；

⑥ 对 IEC 内部技术组织、ISO 及其他组织、团体、协会开展的相似工作进行梳理和分析，评估建立系统委员会的相关评定工作的必要性。

国家标准委代表中国担任 IEC/SEG 1 联合召集人，IEC/SEG 1 注册专家中有 20 多名中国专家。IEC/SEG 1 的组织架构如图 7-2 所示，IEC/SEG 1 下设 CAG，即召集人咨询组，并设立 3 个 TG，即任务组。中国专家担任 TG1 负责人，牵头推进 TG1 工作。

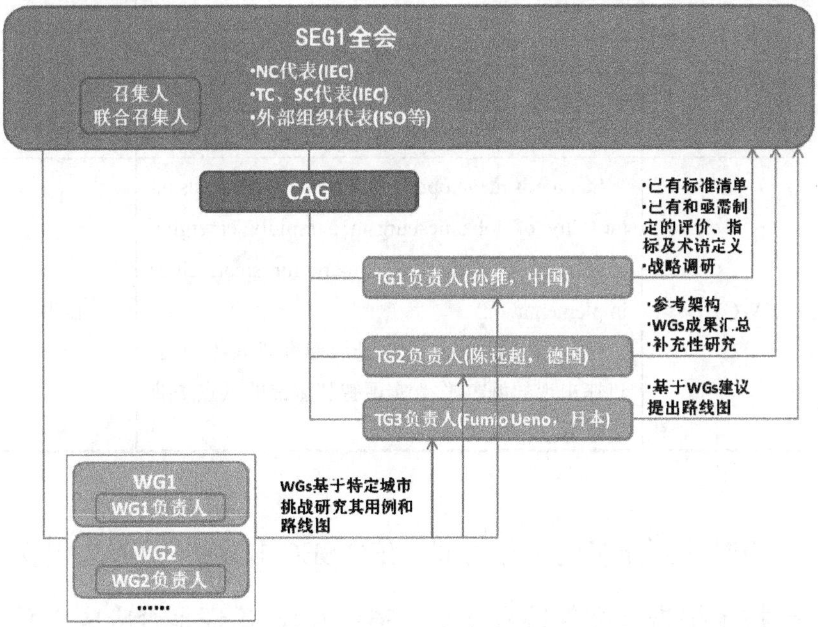

图 7-2　IEC/SEG 1 组织架构

同时，IEC/SEG 1 设立 7 个工作组（见表 7-3），由我国牵头提出并担任组长的工作组有五个。

表 7-3 IEC/SyC 下设工作组信息一览表

工作组编号	工作组名称	牵头国家
WG1	City Service Continuity （城市服务可持续）	日本
WG2	Urban planning and simulation system （城市规划与仿真）	中国
WG3	City Facility Management （城市设施管理）	中国
WG4	Use Case-Smart Home （智能家居用例）	中国
WG5	Use Case-Smart Education （智慧教育用例）	中国
WG6	Smart City Assessment （智慧城市评估）	中国
WG7	Standards development for smart cities using the City of Johannesburg-in a rapidly emerging country-as a piloting benchmark for smart cities implementation. （采用约翰尼斯堡方法开展标准研究-应用于迅速出现的城市-作为实现智慧城市的试点基准度量方法）	南非

历时约两年半的工作时间，IEC/SEG 1 最终向 SMB 提交了一份技术报告（文件编号 SMB/5657/R），论证是否应成立系统委员会及应针对哪些领域成立系统委员会。关于是否成立关于

智慧城市领域的系统委员会，SMB 进行了投票（投票结果的文件编号 SMB/5657A/RV），最终同意在 IEC 设立关于智慧城市的系统委员会。中国专家在 IEC/SEG 1 的有关工作任务中作出了重要贡献，推动了 IEC/SEG 1 向 IEC/SyC Smart Cities 的成功转化。

7.4　ITU-T 国际电信联盟电信标准部

7.4.1　标准预研-智慧城市焦点组（FG-SSC）

国际电信联盟电信标准部（ITU-T）于 2013 年 2 月成立了“智慧可持续发展城市焦点组”（FG-SSC）。FG-SSC 于 2015 年 5 月结束了两年的标准化预研工作，完成了 21 项技术报告和技术规范，其中烽火科技、华为、中国电信以及武汉大学牵头完成的有 12 项。值得一提的是：以中国提案为基础，焦点组给出“智慧可持续发展城市”的定义，此定义在联合国各机构得到了广泛认可；有关智慧可持续发展城市关键绩效指标的 3 个技术规范于 2015 年 10 月获批，成为 ITU-T 标准建议书 L.1600、L.1601 和 L.1602，并于 2016 年 6 月正式发布。2016 年 10 月又正式发布了 L.1603，它对标联合国可持续发展目标，评价智慧城市的可持续发展成效。目前，阿联酋城市迪拜、新加坡、布宜诺斯艾利斯等 7 个城市已与国际电信联盟签约，成为使用 L.1600 系列标准建议书进行智慧城市评估的试点城市。国际电信联盟下一步将开发全球智慧可持续发展城市指数。

7.4.2 标准研制-物联网和智慧城市与社区研究组（SG20）

ITU-T 于 2015 年 6 月成立了“物联网和智慧城市与社区研究组”（SG20），负责物联网与智慧城市的标准化工作，截止到 2016 年 10 月，SG20 新通过了 1 项智慧城市标准建议书 ITU-T Y.4454（智慧城市平台互操作性），并将 FG-SSC 的 13 份技术报告转化为 13 个标准建议书增补。

SG20 在研的智慧城市标准项目包括：Y.SCC-terms（智慧城市词汇，中国联通和烽火科技担任编辑）、Y.pops（网上智慧农业生产业务，韩国担任编辑）、Y.psfs（智慧农业生产业务功能模型，韩国担任编辑）、Y.SC-interop（智慧城市的标识业务需求，电子一所担任编辑）、Y.SC-OpenData（开放数据，中国电信担任编辑）、Y.SC-Overview（智慧城市概述，烽火科技担任编辑）、Y.SC-Residential（智慧社区需求，大唐集团担任编辑）、Y.SEM（智慧环境监控的需求与参考架构，中国移动和中国电信担任编辑）、Y.smartport（智慧港口的供应管理业务需求，西班牙和烽火科技担任编辑）、Y.SPL（智慧停车场的需求与参考架构，中兴通讯担任编辑）、Y.SRC（乡村智慧业务部署需求，西班牙担任编辑）、Y.frame-scc（智慧城市与社区的框架和高层需求，烽火科技和印度担任编辑）、Y.fsn（智慧工艺的框架与业务场景，韩国担任编辑）、Y.infra（城市基础设施概述，烽火科技担任编辑）、Y.ism-scc（城市综合感知与管理技术框架，武汉大学担任编辑）、Y.isw-scc（城市综合感知资源元数据，武汉大学担任编辑）、Y.ODI（智慧城市开放数据指标，西班牙与烽火科技担任编辑）、Y.SC-infra-TS（智慧城市电信系统基础设施，西班牙和印度担任编辑）、Y.STD（智慧旅游参考模型，西班牙和南非担任编辑）。

7.4.3　评估-L.1600 系列

国际电信联盟（ITU）在 2016 年发布了可持续发展的智慧城市关键绩效指标系列标准，包括 ITU-T L.1600（《概述》）、L.1601（《信息通信技术的作用关键绩效指标》）、L.1602（《信息通信技术对城市可持续发展的影响力关键绩效指标》）、L.1603（《智慧城市实现可持续发展目标评估的关键绩效指标》），从信息通信技术、环境、经济、生活品质、社会、基础设施 6 个方面评价了信息通信技术的运用及智慧城市建设成效，值得借鉴，但其指标数量和范围均小于 ISO 37120:2014。其核心思想是要区别于传统的面面俱到式的评测指标，紧紧围绕 ICT 技术的进步及其给城市发展带来的变革，用探针方式去衡量 ICT 关键技术在智慧城市关键领域取得的进步，提倡发现和主动采用公认的关键技术及其可获得可信的有关参数。

1．L.1600

中文名称为《智慧可持续发展城市关键绩效指标概述》，英文名称为“Overview of key performance indicators in smart sustainable cities”。本标准描述智慧可持续发展城市的关键绩效指标，评估这些指标有助于城市及其利益相关方了解智慧可持续发展城市的建设进展并为未来发展提供方向。本标准参考了国际电联智慧可持续发展城市焦点组对智慧可持续发展城市的定义，以及联合国人居署城市繁荣指数。本标准概述了关键绩效指标的维度与子维度（分为六个维度：信息通信技术、环境可持续性、生产力、生活质量、平等与社会包容、物理基础设施），表 7-4 给出了每个维度与子维度的描述。本标准给出了子维度的分类表格。

表 7-4　子纬度的分类表格

维度编号	维度	子维度编号	子维度
D1	信息通信技术	D1.1	网络与连接
		D1.2	业务与信息平台
		D1.3	信息安全与隐私
		D1.4	电磁场
D2	环境可持续性	D2.1	空气质量
		D2.2	二氧化碳排放
		D2.3	能源
		D2.4	室内污染
		D2.5	水土和噪音
D3	生产力	D3.1	资本投资
		D3.2	就业
		D3.3	通胀
		D3.4	贸易
		D3.5	储蓄
		D3.6	进出口
		D3.7	家庭收入与消费
		D3.8	创新
		D3.9	知识经济
D4	生活质量	D4.1	教育
		D4.2	健康
		D4.3	公共安全
		D4.4	方便与舒适度
D5	平等与社会包容	D5.1	收入 / 消费不平等（基尼系数）
		D5.2	社会 / 性别不平等
		D5.3	开放与公众参与
		D5.4	政务
D6	物理基础设施	D6.1	基础设施/连通服务——自来水
		D6.2	基础设施/连通服务——污水系统

续表

维度编号	维度	子维度编号	子维度
D6	物理基础设施	D6.3	基础设施/连通服务——电力
		D6.4	基础设施/连通服务——废物管理
		D6.5	基础设施/连通服务——文化设施
		D6.6	基础设施/连通服务——医疗设施
		D6.7	基础设施/连通服务——交通
		D6.8	基础设施/连通服务——道路设施
		D6.9	房屋——建筑材料
		D6.10	房屋——居住空间
		D6.11	建筑

2．L.1601

中文名称为《智慧可持续发展城市中信息通信技术使用的关键绩效指标》，英文名称为“Key performance indicators related to the use of information and communication technology in smart sustainable cities”。本标准描述了智慧可持续发展城市中与信息通信技术密切相关的关键绩效指标。

本标准按照六个维度（信息通信技术、环境可持续性、生产力、生活质量、平等与社会包容、物理基础设施），分别给出了每个指标的名称与描述，并且在附录中给出了可供不同城市选择采用的补充指标。

（1）信息通信技术的核心指标。

共有 11 个指标，覆盖了计算机普及、网络接入、固定宽带用户、无线宽带用户、社交媒体、信息安全、儿童在线保护和城市里的电磁场等话题。

（2）环境可持续性的核心指标。

共有 3 个指标，涵盖了空气质量、水资源和噪音监控等。

（3）生产力和经济可持续性的核心指标。

共有 8 个指标，涵盖了信息通信研发支出、信息通信项目支出、信息通信企业比例、信息通信就业、无形投资、电子商务、电子服务及云计算。

（4）生活质量的核心指标。

共有 7 个指标，涵盖了教育信息化、电子病历、电子健康档案、医疗信息共享、远程医疗、抗灾及其他安全措施。

（5）平等和社会包容性的核心指标。

共有 6 个指标，涵盖了在线城市信息、市民参政议政、新移民帮助、信息通信技能、政务在线和对特殊人群的照顾等。

（6）物理基础设施的核心指标。

共有 13 个指标，涵盖了包括自来水、排污、电力、交通基础设施和建筑等在内的基础设施。

3. L.1602

中文名称为《智慧可持续发展城市中信息通信技术对可持续发展影响的关键绩效指标》，英文名称为“Key performance indicators related to the sustainability impacts of information and communication technology in smart sustainable cities”。本标准描述了信息通信技术对可持续发展产生影响的关键绩效指标。

本标准按照五个维度（环境可持续性、生产力、生活质量、平等与社会包容、物理基础设施），分别给出了每个信息通信技术对可持续发展产生影响的指标的名称与描述，并且在附录中给出了可供不同城市选择采用的补充指标。

（1）环境可持续性的核心指标。

共有 10 个指标，涵盖了空气质量、温室气体排放、可再生能源、节能、环境感知、水质、噪音污染、土壤污染和绿地等。

（2）生产力和经济可持续性的核心指标。

共有 7 个指标，涵盖了用来提升工业生产力的信息通信支出、服务业就业、储蓄、城市进出口、家庭信息通信开支、信息通信投资、信息通信相关专利等。

（3）生活质量的核心指标。

共有 3 个指标，涵盖了学生信息通信设施可用性、居民健康状况、提高安全性的应急措施等。

（4）平等和社会包容性的核心指标。

共有 4 个指标，涵盖了收入不平等、性别不平等、在线服务使用、社会包容性感受等。

（5）物理基础设施的核心指标。

共有 6 个指标，涵盖了自来水、排污、电力、医疗设施、交通和道路设施等。

4．L.1603

中文名称为《智慧城市实现可持续发展目标评估的关键绩效指标》，英文名称为“Key performance indicators for smart sustainable cities to assess the achievement of sustainable development goals”。本标准是基于对 ITU-T L.1600、L.1601、L.1602、L Suppl.19 和 UNECE 智慧城市指标的系列建议和补充的。充分考虑到了智慧可持续发展城市的定义，联合国可持续发展目标，联合国人居署的城市繁荣指数和 ISO 城市服务和生活质量等（ISO 37120:2014）。

本标准从指标的领域、主题和类型三个角度，按照三个维度（经济，环境和社会和文化）分别给出了每个关键绩效指标的名称与描述，并且在附录中给出了可供不同城市选择采用的补充指标。

领域代表更通用的规模，为指标集提供了一个框架。其与可持续发展的三大核心对应：经济、环境、社会和文化。

主题标示了一组特定的指标，这组指标描述一个潜在发展的领域。这里确定了十九个主要的主题，每个指标被分配给一个特定的主题。一些主题包括特定的子主题，其可以被视为关键字，通过关键字可以更彻底地定义指标的性质。包括以下主题。

（1）经济。

经济主题包括以下内容：

- ICT 基础设施；
- 创新；
- 就业；
- 贸易（子课题：电子商务、进出口）；
- 生产力；
- 物理基础设施（子课题：供水、卫生设施、电力、交通、道路基础设施、建筑、城市规划和公共空间）；
- 公共部门。

（2）环境。

环境主题包括以下内容：

- 空气质量；
- 水和卫生；
- 噪声；
- 环境质量；

- 生物多样性；
- 能量。

（3）社会和文化。

社会和文化主题包括以下内容：

- 教育；
- 健康；
- 安全（子课题：救灾、急救、信息和通信技术）；
- 住房；
- 文化；
- 社会包容。

指标类型表明了指标本身的“适用性”。总体上，两个指标的类型按如下方法来定义和解释.

（1）核心指标可用于全球各城市。

附加指标可能被一些城市根据自己的经济能力、人口增长、地理位置等情况来使用，一些附加指标非常“智慧”，可以由“智慧”城市来执行。这些指标是可选的，特别是城市自我基准的确定。

（2）对产业发展的支撑作用。

L Suppl.19 中还收集了另外 19 种与智慧城市、低碳城市、可持续发展城市、绿色城市等有关的指标体系，并与本标准增补规定的关键性能指标进展了比较，结果表明：本系列标准的指标最贴近国际电联智慧可持续发展焦点组（ITU-T FG-SSC）对智慧可持续发展城市的定义，能够较好地度量智慧城市的发展水平，既可以用于城市之间的横向比较，又可用于城市自我评估，对促进城市自身进一步提升智慧及可持续性具有指导作用。而且阿联酋的迪拜第一个采用了此指标体系进行智慧城市发展评估。

7.5 中英智慧城市标准化合作

2016年4月28日，中英标准化合作委员会会议于四川省成都市成功召开。双方就智慧城市的议题进行了深入交流与探讨，研讨会后由国家标准化管理委员会（以下简称国家标准委）和英国驻华大使馆共同签署了《2016中英智慧城市标准化合作意向书》。同意成立“中英智慧城市标准化工作组”，中方工作由“国家智慧城市标准化总体组”（以下简称总体组）具体承担，英方工作由“英国国家标准化机构”（以下简称BSI）具体承担，开展智慧城市评价指标体系、智慧城市数据概念模型、智慧城市参考技术框架等三项国际标准研制工作。

2016年7月1日，中英双方在英国伦敦正式成立“中英智慧城市标准化工作组”，并在国家标准委田世宏主任与 BSI 总裁斯考特·斯蒂德曼（Scott Steedman）先生共同见证下签署了《中英智慧城市标准化合作框架》（以下简称《框架》）。《框架》的签署标志着中英双方正式开启“智慧城市标准化合作”进程，从标准的制定方法，标准的修订，标准的应用和宣贯等全方位展开深度的合作。

目前，中英双方主要在智慧城市参考技术模型、领域知识模型、评价指标等三个领域展开了深入探索和合作。目前，中国在智慧城市参考技术模型领域处于国际领先，国内标准正在同步上升国际标准，英方对中方的工作和贡献给予了肯定，双方将在未来的国际标准化领域中共同推动参考技术模型国标上升国际及应用。在领域知识模型领域，中方和英方充分探索了目前英中智慧城市中概念、元数据、数据关系及应用等领域的共同及差异，达成了未来的合作意向，双方将在智慧城市领域知识模型和英国标准 PAS182 领域继续深度合作，共同引领国际标准的制定，并推动此项标准的应用。在评价指标领域，在充分探讨目前中国智慧城市评价指标标准的基础上，英方对此项工作给予了充分的肯定，并对未来指标的变更、算法的优化等领域给出了建设性的意见。双方达成意向，未来共同推进指标的国际化和具体落地。

第8章　智慧城市相关技术领域标准化

8.1　大数据标准化

近年来随着信息技术的发展，尤其是移动互联网、物联网、社交网络技术的发展，全世界的信息数据呈现指数级增长，人类社会进入了数据爆炸时期，大数据时代悄然来临。当前大数据已经引起了学术界和工业界的高度重视，国内外学者对大数据的本质和服务特点展开了深刻的讨论。大数据领域的标准化工作是支撑大数据产业发展和应用的重要基础。目前国内大数据标准化工作刚刚起步，为了推动和规范我国大数据产业和相关技术的快速、有序、健康发展，早日建成独立的、完整的大数据产业链，并加快与国际相关标准接轨，同时增强我国相关企业在国际上的竞争力和话语权，亟需对我国的大数据产业发展以及相关国家标准和行业标准展开工作。

2015年9月，国务院印发《促进大数据发展行动纲要》（简称《行动纲要》），明确提出“建立标准规范体系。推进大数据产业标准体系建设，加快建立政府部门、事业单位等公共机构的数据标准和统计标准体系，推进数据采集、政府数据开放、指标口径、分类目录、交换接口、访问接口、数据质量、数据交易、技术产品、安全保密等关键共性标准的制定和实施。加快建立大数据市场交易标准体系。开展标准验证和应用试点示范，建立标准符合性评估体系，充分发挥标准在培育服务市场、提升服务能力、支撑行业管理等方面的作用。积极参与相关国际标准制定工作。”

2016 年 3 月，中华人民共和国国民经济和社会发展第十三个五年规划纲要，简称“十三五”规划（2016—2020 年），指出要“完善大数据产业公共服务支撑体系和生态体系，加强标准体系和质量技术基础建设。”2016 年 9 月，国务院印发《政务信息资源共享管理暂行办法》（简称《暂行办法》），指出“统一标准，统筹建设。按照国家政务信息资源相关标准进行政务信息资源的采集、存储、交换和共享工作，坚持‘一数一源’、多远校核，统筹建设政务信息资源目录体系和共享交换体系”。

为了推动和规范我国大数据产业的快速发展，建立大数据的产业链，与国际标准接轨，在工业和信息化部，国家标准化管理委员会的领导下，2014 年 12 月全国信息技术标准化技术委员会大数据标准工作组正式成立。主要负责制定和完善我国大数据领域标准体系，组织开展大数据相关技术和标准的研究，申报国家、行业标准，承担国家、行业标准制修订计划任务，宣传、推广标准实施，组织推动国际标准化活动。该工作组对口 ISO/IEC JTC1/WG9 大数据工作组。

大数据标准工作组研究提出大数据参考架构，作为开发各种具体类型大数据应用系统架构的通用技术参考框架。结合国内外大数据标准化情况、国内大数据技术发展现状、大数据参考架构及标准化需求，根据数据全周期管理，数据自身标准化特点，当前各领域推动大数据应用的初步实践，以及未来大数据发展的趋势，研究构建大数据标准体系框架，并持续发布《大数据标准化白皮书》。

根据需求和实际情况，以及为了更好地开展相关标准化工作，2015 年 7 月大数据标准工作组成立了涉及总体、国际、技术、产品和平台、安全、工业、电子商务等七个大数据专题组，负责大数据领域不同方向的标准化工作。目前，正在研制的国家标准有 12 项，具体研制情况见表 8-1，申请立项的国家标准有 17 项，具体情况见表 8-2。

表 8-1　12 项大数据领域在研标准情况

序号	计划号	标准名称	状态
1	20141191-T-469	信息技术 大数据 术语	报批
2	20141190-T-469	信息技术 大数据 技术参考模型	报批
3	20141184-T-469	数据能力成熟度评价模型	报批

续表

序号	计划号	标准名称	状态
4	20141172-T-469	多媒体数据语义描述要求	报批
5	20141194-T-469	信息技术　科学数据引用	报批
6	20141200-T-469	信息技术　数据交易服务平台　交易数据描述	征求意见
7	20141201-T-469	信息技术　数据交易服务平台　通用功能要求	征求意见
8	20141202-T-469	信息技术　数据溯源描述模型	征求意见
9	20141203-T-469	信息技术　数据质量评价指标	草案
10	20141204-T-469	信息技术　通用数据导入接口规范	报批
11	20160597-T-469	信息技术　大数据分析系统基本功能要求	草案大纲
12	20160598-T-469	信息技术　大数据存储与处理平台技术要求	草案大纲

表 8-2　申请立项的 17 项大数据领域国际标准

序号	申请立项的标准名称
1	《信息技术　大数据　基于参考架构下的接口框架》
2	《信息技术　大数据　分类指南》
3	《信息技术　大数据　系统通用规范》
4	《信息技术　大数据　系统运维和管理功能要求》
5	《信息技术　大数据　存储与处理系统功能要求》
6	《信息技术　大数据　存储与处理系统功能测试规范》
7	《信息技术　大数据　分析系统功能要求》
8	《信息技术　大数据　分析系统功能测试规范》
9	《信息技术　大数据　面向应用的基础计算平台基本性能要求》
10	《信息技术　大数据　开放共享　第 1 部分：总则》
11	《信息技术　大数据　开放共享　第 2 部分：政府数据开放共享基本要求》

续表

序号	申请立项的标准名称
12	《信息技术 大数据 开放共享 第3部分：开放程度评价》
13	《信息技术 工业大数据 术语》
14	《信息技术 工业大数据 参考架构》
15	《信息技术 工业大数据 工业订单元数据》
16	《信息技术 工业大数据 产品核心元数据规范》
17	《信息技术 电子商务大数据 采集规范》
18	《信息技术 电子商务大数据 仓库建设模型》
19	《信息技术 电子商务大数据 应用指标体系 第2部分：电子商务大数据》

8.2 云计算标准化

云计算的概念诞生已十年，作为信息技术领域的一种重大创新应用模式，是战略性新兴产业的重要组成部分，对加速产业转型升级、促进信息消费具有重要的现实意义，如今，云计算时代已经来临，已成为推动诸多企业创新、转型升级的引擎。2015年年初，《国务院关于促进云计算创新发展 培育信息产业新业态的意见》（国发[2015]5号）发布，明确提出“到2017年，云计算在重点领域的应用得到深化，产业链条基本健全，初步形成安全保障有力，服务创新、技术创新和管理创新协同推进的云计算发展格局，带动相关产业快速发展”的云计算产业发展目标。还提出了“增强云计算服务能力”等 6 项主要任务和“完善市场环境”等 7 项保障措施，并分别在主要任务和保障措施中提出了“加强知识产权保护利用、标准制定和相关评估测评等工作”、“建立健全标准规范体系”等明确的标准化工作要求。这些发展战略及要求的提出，一方面为云计算产业带来了巨大的发展空间，另一方面对云计算及标准化工作提出了更高的要求。

我国云计算标准化工作启动于 2010 年，在标准化工作初期，分别在两个标准化组织中开展云计算技术及服务标准研制工作。2012 年 9 月，为协同推进国际、国内云计算标准化工作，进一步支撑好我国云计算产业发展，在国家标准化管理委员会和工业和信息化部的指导下，全国信标委云计算标准工作组（以下简称“工作组”）正式成立，负责云计算领域的标准化工作，包括云计算领域的基础、技术、产品、测评、服务、系统和装备等国家标准的制修订工作，对口 ISO/IEC JTC1 SC38 下云计算相关工作。

工业和信息化部自 2013 年起，正式启动《云计算综合标准化体系建设指南》的编制工作，组织国内产、学、研、用各方，经过两年多的调研、编制、征求意见和不断完善，2015 年 12 月，工业和信息化部正式印发《云计算综合标准化体系建设指南》

（以下简称《指南》）。该《指南》构建了我国云计算生态系统、提出了包含“云基础、云资源、云服务和云安全”四大部分的云计算标准体系框架，并通过分析现有标准以及行业发展需求，提出了29个云计算标准研制方向，为持续推进我国云计算标准化工作指明方向。

云计算综合标准化体系框架如图8-1所示。

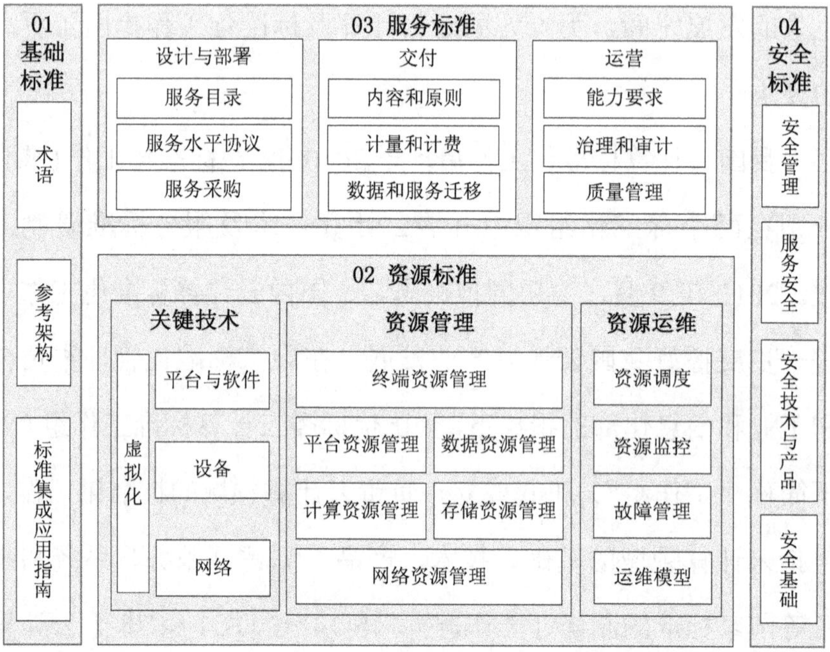

图8-1　云计算综合标准化体系框架

截至目前，国标委共下达云计算国家标准研制任务29项，这些标准主要涉及云计算基础、资源、服务等领域，同时结合国家战略，向工业云领域延伸。具体情况见表8-3所示。

表 8-3　云计算领域标准总体情况

序号	标准名称	标准号/计划号	状态
1	云计算术语	GB/T 32400-2015	已发布
2	云计算参考架构	GB/T 32399-2015	已发布
3	弹性计算应用接口	GB/T 31915-2015	已发布
4	信息技术 云数据存储和管理 第 1 部分 总则	GB/T 31916.1-2015	已发布
5	信息技术 云数据存储和管理 第 2 部分 基于对象的云存储应用接口	GB/T 31916.2-2015	已发布
6	信息技术 云数据存储和管理 第 5 部分 基于 Key-Value 的云数据管理应用接口	GB/T 31916.5-2015	已发布
7	PaaS 平台参考架构	20120544-T-469	已报批
8	云计算数据中心基本要求	20120571-T-469	完成送审
9	信息技术 开放虚拟化格式规范	20153696-T-469	完成送审
10	信息技术 云计算 虚拟机管理通用要求	20153698-T-469	完成送审
11	信息技术 云数据存储和管理 第 3 部分 分布式文件存储系统应用接口	20153697-T-469	完成送审
12	信息技术 云计算 文件服务应用接口	20153694-T-469	形成草案
13	信息技术 云计算 云服务运营通用要求	20153707-T-469	形成草案
14	信息技术 云计算 云服务交付要求	20153706-T-469	形成草案
15	信息技术 云计算 云服务级别协议规范	20153705-T-469	形成草案
16	信息技术 云计算 云服务质量评价指南	20153702-T-469	形成草案
17	信息技术 云计算 云平台应用程序管理规范	20153675-T-469	形成草案
18	信息技术 云计算 云资源监控总体技术要求	20153700-T-469	草案编制

续表

序号	标准名称	标准号/计划号	状态
19	信息技术 云资源监控指标体系	20153695-T-469	草案编制
20	信息技术 云计算 平台即服务部署管理规范	20153701-T-469	草案编制
21	信息技术 云计算 云存储资源管理技术规范	20153674-T-469	草案编制
22	信息技术 云计算 分布式块存储系统总体技术要求	20153703-T-469	草案编制
23	信息技术 云计算 应用和数据迁移指南	20153704-T-469	草案编制
24	信息技术 云计算 云服务计量与计费	20153699-T-469	草案编制
25	信息技术 云计算 云服务采购指南	20153693-T-469	草案编制
26	工业云服务模型	申请立项公示阶段	形成工作组草案
27	工业云服务能力总体要求	申请立项公示阶段	形成工作组草案
28	工业云服务服务水平协议	年底启动立项申请	草案编制
29	工业云服务计量规范	年底启动立项申请	草案编制

云计算标准工作组对口的国际标准化组织是ISO/IEC JTC1 SC38的云计算工作组，具体包括WG3、WG4和WG5。这3个WG目前编制云计算国际标准7项。其中，2项已经发布，1项FDIS投票，3项DIS投票，1项CD投票。基于已经发布的2项国际标准，针对《ISO/IEC 17788 information technology-Cloud computing-Vocabulary and Overview》等同采用为国家标准GB/T 32400-2015《信息技术 云计算 词汇与概览》，针对ISO/IEC

17789 information technology-Cloud computing-Reference architecture》已修改采用为国家标准 GB/T 32399-2015《信息技术 云计算 参考架构》。

8.3　物联网标准化

物联感知是智慧城市的神经末梢。智慧城市是以物联网为基础，通过感知设备，按照约定协议，以物联化、互联化、智能化的方式，连接物、人、系统和信息资源，使物与物、物与人、人与人互联互通，形成技术集成、综合应用、高端发展的现代化、网络化、信息化城市，实现对物理和虚拟世界的信息进行处理并做出智能化的反应。其本质是更加透明的感知、更加广泛的连接、更加集中和更加有深度的计算，为城市肌理植入智慧基因。

国家物联网基础标准工作组是国家标准化管理委员会、国家发展和改革委员会于 2010 年 11 月联合成立，由物联网基础技术涉及的各标准化技术组织专家组成。国家物联网基础标准工作组的主要职责为研究符合中国国情的物联网技术架构和标准体系的建议；提出物联网关键技术和基础通用技术标准制修订项目建议并开展标准研制；与各应用标准工作组进行沟通衔接并做好基础标准和应用标准的协调工作；负责相应国际标准推进工作。工作组下设物联网总体项目组、物联网标识技术项目组、物联网信息安全技术项目组、物联网国际标准化研究组，分别负责开展物联网基础领域总体技术标准研究、物联网标识和编码标准研究、物联网信息安全标准研究及物联网国际标准化研究。同时，工作组对接五个行业领域应用组：物联网社会公共安全领域应用标准工作组、物联网环保领域应用标准工作组、物联网交通领域标准化工作组、农业物联网行业应用标准工作组、林业物联网行业应用标准工作组，负责基础标准和应用标准的衔接和协调工作。

物联网标准体系划分为六个大类，分别为基础类、感知类、网络传输类、服务支撑类、业务应用类、共性技术类。国家物联网基础标准工作组成立后，推动物联网国家标准第一批立项47项，其中基础共性6项，农业13项，公安13项，林业4项，交通11项；推动第二批立项83项，其中基础共性23项，数据采集18项，网络传输19项，交通1项，医疗11项，电力1项，智能家居10项；协调第三批39项国家标准立项工作。表8-4仅列出了基础共性标准。

表 8-4　物联网总体标准明细

立项号/标准号	标准项目名称
20130052-T-469	物联网第 1 部分:标准化工作指南
20130053-T-469	物联网第 2 部分:术语
20130054-T-469	物联网第 3 部分:体系结构
ISO/IEC 30141	物联网参考体系结构
20130055-T-469	物联网第 4 部分:接口总体要求
20130056-T-469	物联网标识体系 Ecode
20130057-T-469	物联网标识体系总则
20150046-T-469	物联网总体技术数据质量
20150044-T-469	物联网信息服务分类
20150038-T-469	物联网系统测评指南
20150043-T-469	物联网面向智慧城市技术应用指南
20150040-T-469	物联网协同信息处理参考模型
20150049-T-469	物联网感知对象信息融合模型
20150048-T-469	物联网信息交换和共享第 1 部分：总体要求
20150042-T-469	物联网信息交换和共享第 2 部分：总体架构
20150045-T-469	物联网信息交换和共享第 3 部分：数据格式
20150047-T-469	物联网信息交换和共享第 4 部分：数据接口
20150051-T-469	物联网标识体系 Ecode 在条码中的存储
20150052-T-469	物联网标识体系 Ecode 的注册与管理
20150053-T-469	物联网标识体系数据内容标识符
20150054-T-469	物联网标识体系 Ecode 标识应用指南
20150055-T-469	物联网标识体系 Ecode 在 NFC 标签中的存储
20150056-T-469	物联网标识体系 Ecode 标识公共服务平台的接入规范
20150057-T-469	物联网标识体系 Ecode 解析规范
20150058-T-469	物联网标识体系 Ecode 在二维码中的存储
20150059-T-469	物联网标识体系 Ecode 标识体系中间件规范
20150060-T-469	物联网标识体系 Ecode 在 RF 标签中的存储
20150061-T-469	物联网标识体系 Ecode 标识系统安全机制
20100380-T-469	信息安全技术物联网 RFID 密码技术规范

续表

立项号/标准号	标准项目名称
GB/T 31507-2015	信息安全技术物联网网络层信息安全规范
20141145-T-469	信息安全技术物联网感知层接入通信网的安全要求
20130082-T-312	公安物联网感知层传输安全性评测要求
20130090-T-312	公安物联网感知终端安全防护技术要求
20130091-T-312	公安物联网感知终端接入网安全技术要求
20130092-T-312	公安物联网系统信息安全等级保护要求

除此之外，全国信息技术标准化技术委员会传感器网络标准工作组也在开展相关标准制定。传感网领域有10项国家标准和2项行业标准已经发布，在研26项标准。标准分布情况：传感网通用技术3项、接口技术2项、通信与信息交换技术3项、协同信息处理技术1项、服务支持技术5项、安全技术4项、网关3项、测试技术6项和应用6项，其中国家标准32项，行业标准2项，详见表8-5。

表8-5 传感器网络标准明细

序号	计划号/标准号	标准名称	阶段
1	GB/T 30269.1-2015	信息技术 传感器网络 第1部分：参考体系结构和通用技术要求	发布
2	GB/T 30269.2-2013	信息技术 传感器网络 第2部分：术语	发布
3	GB/T 30269.301-2014	信息技术 传感器网络 第301部分：通信与信息交换：低速无线传感器网络网络层和应用支持子层规范	发布

续表

序号	计划号/标准号	标准名称	阶段
4	GB/T 30269.302-2015	信息技术　传感器网络　第 302 部分：通信与信息交换：面向高可靠性应用的无线传感器网络媒体访问控制和物理层规范	发布
5	20153381-T-469	信息技术　传感器网络　第 303 部分：通信与信息交换：基于 IP 的无线传感器网络网络层技术规范	草案
6	20150041-T-469	信息技术　传感器网络　第 305 部分：通信与信息交换：超声波通信协议规范	草案
7	20100400-T-469	信息技术　传感器网络　第 401 部分：协同信息处理：支撑协同信息处理的服务及接口	发布
8	GB/T 30269.501-2014	信息技术　传感器网络　第 501 部分：标识：传感节点标识符编制规则	发布
9	20120545-T-469	信息技术　传感器网络　第 502 部分：标识：传感节点解析和管理规范	报批
10	20153390-T-469	传感器网络　标识　第 503 部分：对象标识符注册规程	征求意见
11	20153386-T-469	信息技术　传感器网络　第 504 部分：标识：传感节点标识符管理规范	草案
12	GB/T 30269.601-2016	信息技术　传感器网络　第 601 部分：信息安全：通用技术规范	发布
13	20120551-T-469	信息技术　传感器网络　第 602 部分：信息安全：网络传输安全技术规范	报批
14	20150039-T-469	信息技术　传感器网络　第 603 部分：信息安全　网络传输安全测评规范	草案
15	20153385-T-469	信息技术　传感器网络　第 604 部分：低速率无线传感器网络网络层和应用支持子层安全测评规范	草案

续表

序号	计划号/标准号	标准名称	阶段
16	GB/T 30269.701-2014	信息技术 传感器网络 第 701 部分：传感器接口：信号接口	发布
17	GB/T 30269.702-2016	信息技术 传感器网络 第 702 部分：传感器接口：数据接口	发布
18	20120548-T-469	信息技术 传感器网络 第 801 部分：测试：通用要求	报批
19	20120546-T-469	信息技术 传感器网络 第 802 部分：测试：低速无线传感器网络媒体访问控制和物理层	报批
20	20120547-T-469	信息技术 传感器网络 第 803 部分：测试：低速无线传感器网络网络层和应用支持子层	报批
21	20153384-T-469	信息技术 传感器网络 第 804 部分：测试：传感器接口测试规范	草案
22	20153383-T-469	信息技术 传感器网络 第 805 部分：测试：传感器网关测试规范	草案
23	20153382-T-469	信息技术 传感器网络 第 806 部分：测试：传感节点标识符解析一致性测试技术规范	草案
24	GB/T 30269.901-2016	信息技术 传感器网络 第 901 部分：网关：通用技术要求	发布
25	20141552-T-469	信息技术 传感器网络 第 902 部分：网关：远程管理技术要求	草案
26	20141553-T-469	信息技术 传感器网络 第 903 部分：网关：逻辑功能接口技术规范	草案
27	20100399-T-469	信息技术 传感器网络 第 1001 部分：中间件：传感器网络节点数据交互规范	报批
28	SJ/T 11661-2016	机场围界传感器网络防入侵系统技术要求	发布

续表

序号	计划号/标准号	标准名称	阶段
29	SJ/T 11662-2016	面向大型建筑节能监控的传感器网络系统技术要求	发布
30	20132346-T-469	信息技术 农业传感器网络系统 第 1 部分：设施农业技术要求	草案
31	20130360-T-469	基于传感器的产品监测软件集成接口规范	报批
32	20153389-T-469	信息技术 面向需求侧变电站应用的传感器网络系统总体技术要求	草案
33	20153388-T-469	信息技术 工业传感网设备点检管理系统总体架构	草案
34	20153387-T-469	信息技术 面向远程燃气抄表应用的传感器网络技术要求	草案

8.4　信息安全标准化

在智慧城市建设和运营过程中，安全问题成为制约其发展的重要因素。目前我国尚存在智慧城市网络安全管理制度尚需完善、标准较为缺乏、数据和个人信息亟需保护、关键信息基础设施安全亟需加强等网络安全问题，需加强智慧城市网络安全管理工作的统筹协调，强化网络安全保障，以安全保发展，以发展促安全，增强智慧城市网络基础设施、重要信息系统、关键数据资源及服务的安全保障能力，促进智慧城市健康可持续发展。

我国政府以及各地市政府在开展智慧城市的建设过程中，都非常重视智慧城市网络安全保障情况，先后发布了多个指导文件，这些文件不仅指出了智慧城市建设中需要关注的网络安全问题，层层递进，逐步落实相关措施，并对今后网络安全风险防控及相关安全问题提出要求。

2014年，国务院印发了《国家新型城镇化规划（2014－2020年）》，提出“推进智慧城市建设，增强城市要害信息系统和关键信息资源的安全保障能力。”

2014年8月国家发展改革委、工业和信息化部、科学技术部、公安部等八部委联合发布了《关于印发促进智慧城市健康发展的指导意见的通知》（发改高技[2014]1770号），提出“可管可控，确保安全，落实国家信息安全等级保护制度，强化网络和信息安全管理，落实责任机制，健全网络和信息安全标准体系，加大依法管理网络和保护个人信息的力度，加强要害信息系统和信息基础设施安全保障，确保安全可控”的基本原则，以及“网络安全长效化，城市网络安全保障体系和管理制度基本建立，基础网络和要害信息系统安全可控，重要信息资源安全得到切实保障，居民、企业和政府的信息得到有效保护”的目标，有力地指导了各地智慧城市建设中面临的网络安全问题。.

在智慧城市网络安全方面，中央网信办、工信部、公安部、发改委等四部委共同在 2015 年发布了文件《关于加强智慧城市网络安全管理工作的若干意见》，提出“增强智慧城市网络基础设施、重要信息系统、关键数据资源及服务的安全保障能力，促进智慧城市健康可持续发展”的目标，并提出了五项重要工作：落实安全责任，加强智慧城市网络安全工作的统筹协调和顶层设计；全面落实信息安全等级保护制度，严格全流程网络安全管理；突出重点，加强智慧城市重要信息系统和关键数据资源的安全保障；加强网络安全监测、通报预警和信息共享，全力提高网络安全风险抵御能力和应急能力；加强安全监管，全面提升智慧城市网络安全综合防控能力。

2015 年 10 月，中共中央十八届五中全会审议通过《中共中央关于制定国民经济和社会发展第十三个五年规划的建议》，建立风险识别和预警机制，以可控方式和节奏主动释放风险，重点提高财政、金融、能源、矿产资源、水资源、粮食、生态环保、安全生产、网络安全等方面风险防控能力.

随着我国智慧城市网络安全相关政策和文件的制定和落实，智慧城市作为城市发展的新模式愈来愈受到关注，合理有效的解决其安全问题也成为重中之重。智慧城市的安全问题涉及中央网信办、国家发改委、住建部、交通部等多个部委，标准化工作需要统筹协调。目前，我国智慧城市网络安全标准化工作由国家标准化管理委员会统筹组织，中央网信办网络安全协调局总体协调、指导，组织提出国家智慧城市安全标准化需求，全国信息安全标准化技术委员会归口管理并负责组织相关单位落实标准研制任务，具体标准研制由信安标委大数据安全标准特别工作组负责推动，同时积极推进国际标准化工作。公安部、工信部、交通部、住建部等部门负责推进各自主管领域的行业安全标准化工作，并与全国信息安全标准化技术委员会及时沟通标准内容及进展情况。此外，全国信安标委组织相关用户单位、建设单位、测评机构等共同研制智慧城市安全亟需标准，并支撑相关主管部门开展的新型智慧城市评价工作，完善和建立配套的标准化咨询、培训及认证体系。目前，全国信安标委正在组织研制的国家标准制定项目有 2 项，研究项目有 2 项，具体情况见表 8-6。

表 8-6　4 项智慧城市网络安全领域在研标准情况

序号	计划号	标准名称	标准类型/状态
1	20141405-Z-469	信息安全技术 智慧城市建设信息安全保障指南	标准制定项目 征求意见稿
2		信息安全技术 智慧城市安全体系框架	标准制定 项目草案
3		信息安全技术 智慧城市安全体系框架	标准研究项目
4		信息安全技术 智慧城市网络安全评价方法	标准研究项目